08/25
W0388505

Für Julia!

Du bist meine beste Lektorin,
meine schärfste Kritikerin,
meine wunderbare Frau!

Frank Lauenroth

BOSTON RUN

Der Marathon-Thriller

Sportwelt
Verlag

Druck und Bindung:	GGP Media GmbH, Pößneck
Satz:	Medienservice Feiß, Burgwitz
Lektorat:	Brigitte Caspary, Egloffstein
Covergestaltung:	Oliver Linke, Augsburg

1. Auflage 2010
© 2010 Sportwelt Verlag®
Inh. Nicole Luzar
Am Wasserstein 3
D-91282 Betzenstein
mail@sportwelt-verlag.de
www.sportwelt-verlag.de

Bestellungen bitte an:
Herold Auslieferung & Service GmbH
Raiffeisenallee 10
D-82041 Oberhaching
Tel.: 0049–(0)89-613871–0
Fax.: 0049–(0)89-613871–20
herold@herold-va.de

Alle Rechte vorbehalten, einschließlich derjenigen des auszugsweisen Abdrucks sowie der photomechanischen und elektronischen Wiedergabe.
ISBN 978-3-941297-05-0

Weitere Titel im Internet unter www.sportwelt-verlag.de

Boston

STRECKEN

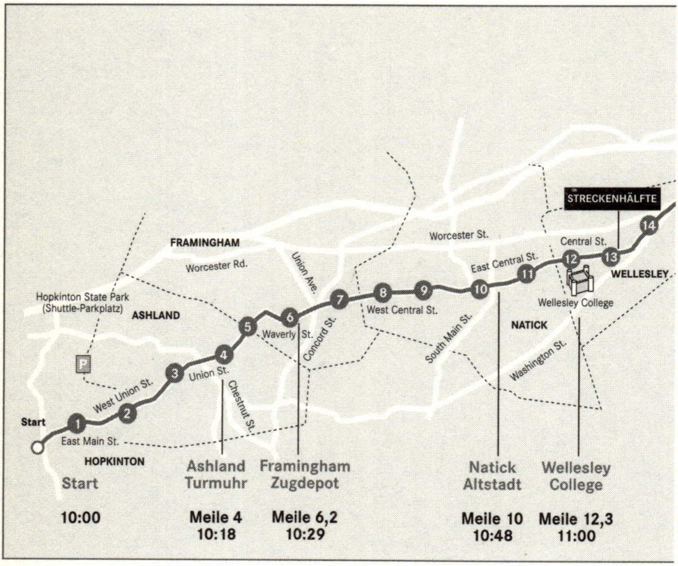

Marathon

ÜBERSICHT

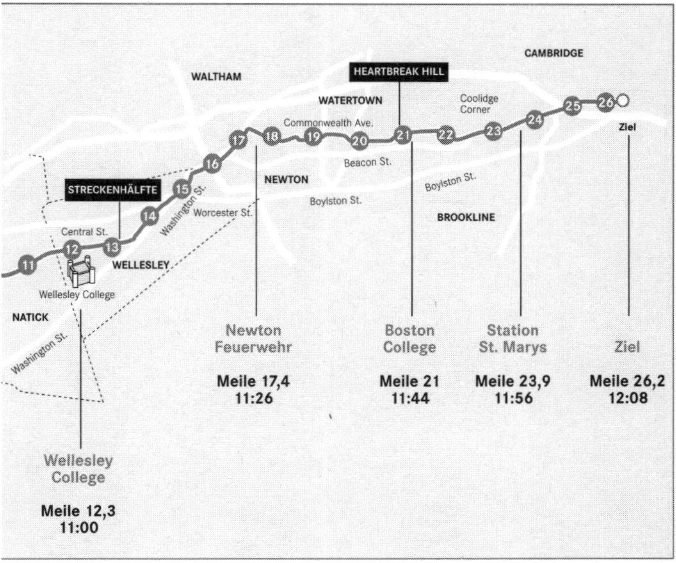

Vorbemerkung

Um die Atmosphäre eines Boston Marathons und aller ihn in diesem Roman umgebenden Ereignisse, inklusive der Fernsehmoderation, möglichst authentisch darzustellen, zugleich aber auch die Verständlichkeit und leichte Lesbarkeit des Textes zu gewährleisten, habe ich mir die Freiheit erlaubt, das Fortschreiten des Laufes in Meilen anzugeben, für alle anderen räumlichen Angaben jedoch das metrische System zu benutzen.

Bei allen wichtigen Marathonläufen werden sowohl Kilometermarken als auch Meilensteine angezeigt.

Ich werde Sie also weitestgehend mit Yard (entspricht 91,44 Zentimeter), Foot und Inch verschonen und hoffe, Sie verzeihen mir im Gegenzug diesen kleinen Kunstgriff.

Eine Meile ist etwas mehr als 1.609 Meter lang.

Die Marathonstrecke mit 42 Kilometern und 195 Metern hat somit 26 Meilensteine (zuzüglich 385 Yards).
Sie genießen nun das Vorrecht, die Beine hochlegen zu dürfen und dennoch beim Boston Marathon mitzulaufen.

LET'S RUN!

Dies ist eine Hommage an jede Frau und jeden Mann, die jemals
einen Marathonlauf erfolgreich absolviert haben
… und sich am Ende wünschten, doch ein klein wenig schneller
gewesen zu sein!

1

„Hallo und guten Morgen, Boston! Ein herzliches Willkommen aus dem News-Center von Channel Five! Hier ist ‚Good Morning Live', und wir versprechen Ihnen trotz des wolkenverhangenen Himmels einen herrlichen Tag in dieser wunderbaren Stadt! Denn heute ist der Tag des Boston Marathons! Mein Name ist Scott McNeal, und ich darf mich auch in diesem Jahr wieder über die bezaubernde Co-Moderatorin Justyna Hunter an meiner Seite freuen."

„Scott, du Charmeur! Einen guten Morgen auch von mir. Heute haben wir den Patriot's Day, und das ist gleichzeitig der Tag des Boston Marathons, dessen Tradition über mehr als hundert Jahre zurückreicht und der doch so zukunftsträchtig wie kein zweiter ist."*

„Genau, Justyna! Wieder einmal erwarten wir einen heißen Kampf auf dem Pflaster von Hopkinton nach Boston. Am heutigen Tag haben sich mehr als zwanzigtausend Läufer aus aller Welt zusammengefunden, um die sechsundzwanzig Meilen und dreihundertfünfundachtzig Yards in Angriff zu nehmen."

„Aber nur wenige unter ihnen werden die Klasse besitzen, um ein Wörtchen bei der Vergabe der Siegerprämie von einhundertundfünfzigtausend Dollar mitzureden."

„Apropos mitreden, Justyna – ein guter alter Bekannter wird im Verlauf unserer Übertragung zu uns stoßen und uns bei unserem Kommentar unterstützen. Es ist der viermalige Boston-Marathon-Sieger Bill Rodgers."

„Und damit nicht genug, Scott! Wenn die Läufer nur noch wenige Meilen von der Ziellinie entfernt sein werden, präsentieren wir unseren Zuschauern einen weiteren Überraschungsgast, der ebenfalls Marathongeschichte geschrieben hat."

---

* Dritter Montag im April – ursprünglich zurückgehend auf den 19. April 1775, den Beginn des amerikanischen Unabhängigkeitskrieges.

„Das sind gute Neuigkeiten, Justyna! Aber ich höre gerade aus der Regie, dass wir zu Greg Harper ins Läuferlager nach Hopkinton schalten. Greg, wie sieht es bei dir aus?"

„Hallo Justyna, hallo Scott. Es ist jetzt neun Uhr und vierunddreißig Minuten. In genau sechsundzwanzig Minuten fällt der Startschuss. Die meisten Teilnehmer laufen sich bereits warm oder legen ein paar letzte Lockerungsübungen ein. Und eine nicht unwesentliche Menge steht noch an den mehr als vierhundert Toilettenhäuschen an, um tatsächlich in jeder Hinsicht gut präpariert an den Start gehen zu können."

„Danke, Greg! Niemand wird Channel Five nun noch vorwerfen können, nicht wirklich alle Aspekte des Laufs beleuchtet zu haben."

„Das ist mein Stichwort, Gentlemen. Es ist ja schon eine Tradition, dass sich Channel Five jederzeit auf der Höhe des Geschehens befindet. Heute werden zweiundvierzig fest installierte Kameras und vier Motorrad-Cams unsere Zuschauer mit weltexklusiven Bildern von der Laufstrecke versorgen."

„Da du gerade die Exklusivität unserer Übertragung ansprichst, Justyna – nur der Channel-Five-Helikopter wird das Recht haben, die Läufer auf ihrem Weg nach Boston in der Luft zu begleiten."

„Tja, Scott, dann ist es wohl an der Zeit, uns den vermeintlichen Favoriten zuzuwenden. Wer wird deiner Meinung nach in der Lage sein, in diesem Jahr zu triumphieren?"

Christopher Johnson hatte genug gehört und drückte eine Funktionstaste seiner Tastatur. In der linken unteren Ecke des Bildschirms erschien das Symbol eines durchgestrichenen Lautsprechers, und die Moderatoren von Channel Five fuhren nunmehr stumm mit ihren Berichten zu Bostons sportlichem Jahreshöhepunkt fort.

Johnson war Anfang Dreißig, von eher kleiner Statur, und seine Körpermitte zierte eine unübersehbare Rundung. Zum Glück, wie er fand, manifestierten sich die zehn Kilo Übergewicht allein an seinem Bauch. Seine ihm offensichtlich von seinen Eltern – Gott hab sie selig – vererbte Schnelligkeit und Beweglichkeit hatte er sich so bewahren können. Er trug eine blaue Jeanshose und einen schwarzen Pullover. Dem Anlass angemessen, wie er fand.

Christopher atmete tief ein, schloss die Augen und verinnerlichte sich seinen – *ihren* – gemeinsamen Plan. Ein amüsiertes Lächeln bahnte sich den Weg zu seinen Mundwinkeln. Fast blinzelnd öffnete er wieder die Augen, obwohl er wusste, dass er nicht um sein Augenlicht würde fürchten müssen. Der Kellerraum, in dem er sich befand, war nahezu vollständig dunkel. Die kleinen, ungemein massiv wirkenden Flügel der Metalltür waren geschlossen. Ein Fenster gab es hier nicht. Als Lichtquellen fungierten die drei Flachbildmonitore auf dem Tisch, der etwa vier Meter von der Tür entfernt und damit ziemlich genau in der Mitte des Raumes stand. Christopher saß dahinter auf einem Hocker. Langsam ließ er seinen Blick über die Bildschirme wandern. Der linke Monitor zeigte einige geöffnete Browserfenster. Auf dem mittleren Bildschirm herrschte deutlich mehr Bewegung. Mehrere Fenster waren mit EKG-ähnlichen Kurven gefüllt, die sich langsam, aber stetig weiter nach links schoben. Und auf dem rechten Monitor waren die Moderatoren von Channel Five noch immer damit beschäftigt, die Zeit bis zum Start mit den alljährlichen Floskeln zu überbrücken. Christopher beugte sich über die Tastatur, drückte in rascher Folge einige Tastenkombinationen und startete damit in den Fenstern des linken Bildschirms die Videobilder der fünf Miniaturkameras, die er rings um sein Schlupfloch positioniert hatte. Eine Kamera zeigte den Gang direkt vor der Tür seines Kellerraums, zwei die Treppe hinauf und weitere zwei den Außenbereich des Gebäudes. Nachdem er die Schwenkbereiche der Außenkameras getestet hatte, stand er auf und inspizierte den Raum ein letztes Mal. Er musste einfach sicher sein, dass er kein Detail übersehen hatte. Der Keller maß ungefähr neun mal fünf Meter und war ziemlich flach. Christopher selbst hatte nur eine Körpergröße von einem Meter und siebzig Zentimetern erreicht, was er hier zum ersten Mal als angenehm empfand. Die Decke hing in einer Höhe von gerade einmal einem Meter achtzig, und auch die Tür hatte eher zwergenhafte Abmessungen. Dies war einer der Umstände, die Christopher bewogen hatten, seinen Stützpunkt genau hier einzurichten. Und das, obwohl der Geruch des muffig-feuchten Kellers ihn die Enge seiner Zuflucht doppelt spüren ließ. Er hatte die Blendscheinwerfer genau auf die Tür ausgerichtet, die Zuleitungen zu den Thermitladungen sowie den hydraulischen Öffnungs- und Schließmechanismus der beiden Türflügel überprüft und war guten Gewissens wieder zu seinem Hocker zurückgekehrt. Die Uhr zeigte neun Uhr und siebenunddreißig Minuten. Es wurde Zeit, die Vorbereitungen abzuschließen! Neben der Tastatur lag ein Head-Set, das er sich kurzerhand über sein linkes Ohr steckte. Er überprüfte mit einigen kurzen Blicken die Anzeigen auf den verschiedenen Monitoren und öffnete eine Sprechverbindung.

„Brian, Kumpel, alles okay?"

Leise, doch mit fester Stimme kam die Antwort.

„Gib mir noch zwei Minuten, Chris!"

Brian Harding war groß und schlank, ganz so, wie man sich einen Marathonläufer vorstellte. Und er fiel äußerlich kaum auf. Ein Umstand, der für die Durchführung ihres Plans überaus nützlich war. Erst sein freundliches Wesen, sein hilfsbereiter Charakter und seine unbedingte Loyalität

Freunden gegenüber hoben ihn von der grauen Masse ab. Dies und die zwei oder drei gelben Spritzer in seinen hellbraunen Augen verliehen ihm die Anziehungskraft, der sich Elaine – seine Freundin – nicht hatte widersetzen können.

Brian stand artig in einer der Schlangen vor den mobilen Toilettenhäuschen in Hopkinton. Der erweiterte Umkreis um den Startbereich des Marathons war voll von diesen Toiletten, doch die zahlreichen Wartenden zeugten davon, dass es immer noch zu wenige waren. Als Brian sich dazugestellt hatte, war er ungefähr an zwölfter oder vierzehnter Position. Sein Timing schien zu stimmen. Lediglich ein Läufer stand nun noch vor ihm, und wenn er die durchschnittliche Verweildauer der bisherigen Benutzer zugrunde legte, würde es noch zwei Minuten dauern, bis er sich in der Plastikkabine einschließen konnte. Zwei Minuten, in denen er seine Gedanken schweifen ließ.

Einmal im Jahr war die kleine Stadt Hopkinton zumindest für eine Stunde der Nabel der Sportwelt. Als Ausgangspunkt eines der berühmtesten Marathonläufe richtete sich das internationale Medieninteresse für die Dauer der Startvorbereitungen auf die breite rotweiße Linie, die die East Main Street kreuzte. Natürlich waren alle Einwohner Hopkintons an den Fenstern, auf den Straßen und an der Strecke. Es gehörte hier schon zum guten Ton, die Läufer und Läuferinnen mit frenetischem Applaus auf den Weg zu schicken. Dass mit dieser wichtigen Aufgabe keine Gastgeberpflichten verbunden waren, hatte zwei Gründe: Zum einen hätte bereits ein geringer Teil der rund zwanzigtausend Starter die Kapazitäten der lokalen Unterkünfte deutlich überschritten, zum anderen war es für alle Läufer deutlich angenehmer, sich ein Hotelzimmer in der Nähe des Zielbereichs zu nehmen. Und so brachten, wie in jedem Jahr, Unmengen gelber Schulbusse das laufende Volk von Boston hierher. Die Einheimischen vermengten sich mit den Angereisten und imitierten so ungewollt die scheinbar ziellose Betriebsamkeit eines Bienenstockes. Zum Glück war der Startbereich recht weitläufig. Mehrere Areale beherbergten eine große Anzahl an Zelten, in denen sich die Läufer umziehen konnten. Andere Zelte dienten als Ausgabestellen für Bagels, Powerbars, warmen Tee und Bananen. Manches davon wurde gleich verspeist, der Rest fand den Weg in die Trikottaschen der Läufer, um unterwegs für den erhofften Zucker- oder Proteinschub zu sorgen.

Es begann zu regnen. Zwar fielen die Tropfen noch nicht dicht, aber viele der Wartenden sahen enttäuscht zum Himmel und stießen leise Klagelaute aus, die sich zu einem unüberhörbaren Stöhnen vereinigten. Schon den ganzen Morgen hatten die dunklen Wolken damit gedroht, ihre feuchte Fracht über dem Startplatz abzuladen, und viele der Läufer hatten sich vorsichtshalber Regencapes übergezogen. Brian Harding hatte in seiner Kindheit und Jugend eine elitäre Schulbildung genossen, die ihn zu einem logisch denkenden und somit überlegt handelnden Menschen heranreifen ließ. Also hatte auch er sich den Regenumhang übergestreift und brauchte jetzt nur noch die Kapuze über den Kopf zu ziehen.

Eigentlich konnte es ihm egal sein, ob es regnete oder die Sonne den ganzen Weg bis nach Boston scheinen würde. Diese äußeren Umstände würden keinen Einfluss auf seine Laufleistung besitzen! Dennoch hatte er auf gutes Wetter gehofft. Nicht zuletzt, weil er sich den heutigen Abend als sonnigen Abschluss eines erfolgreichen Tages ausgemalt hatte. Während die Regentropfen leise klopfend auf seinen Umhang fielen, wünschte sich Brian, dass schon alles vorbei wäre. Vor seinem geistigen Auge stellte er sich bereits den Sonnenuntergang über Boston vor, wie er ihn von Cambridge aus beobachtete. Dort, auf dem Bootssteg am Cambridge Parkway, konnte er die Stadt, den Trubel, seinen langweiligen Anwaltsjob und den ganzen Rest viel leichter als irgendwo anders vergessen. Viel zu selten war er dort, um abzuschalten, auf die Skyline zu schauen und den Sonnenuntergang zu genießen. Heute Nachmittag – wenn alles gut ging – würden sie sehr viel reicher sein! Und er würde den Abend mit Elaine verbringen! Elaine, seine Traumfrau, die nach vier langen Tagen endlich wieder in der Stadt sein würde! Elaine und er waren seit viereinhalb Jahren ein Paar. Doch zu Brians fortwährender Überraschung fühlte es sich so an, als hätte er sie gerade erst vor ein oder zwei Wochen kennen gelernt. Immer noch spürte er die Sehnsucht nach seiner Freundin. Er stellte sich ihre magische Weiblichkeit, ihr volles, lockiges Haar und ihr ansteckendes Lachen vor und musste automatisch lächeln. Zugleich erinnerte es ihn an Chris.

„Vergiss sie! Denk nicht einmal an sie!", hatte Chris gesagt. Das, was sie hier vorhatten, war – Originalton Christopher Johnson – ein Männerjob! Konzentrier dich auf den Lauf! Tu, was ich dir gesagt habe und was nötig ist, um zu gewinnen!

Nein – Christopher Johnson war kein sehr sozialer Mensch. Das hatte Brian bereits während ihrer gemeinsamen Zeit in Harvard erkannt. Doch obwohl Brian Harding dieser Umstand sehr wohl bewusst war und er selber Christopher Johnson um fast einen Kopf überragte, so hatte er doch immer zu seinem Freund aufgesehen. Der Grund war einfach: Christopher Johnson war ein Genie. Zwar pflegte er seine interdisziplinäre Begabung nicht, doch genügten sein Wissen und seine Fähigkeit, Zusammenhänge zu erkennen und zu deuten, um Brians eigene Affinität zu logischem Denken anzuregen und ihn ein ums andere Mal in seinen Bann zu ziehen. Über die Jahre hatte sich so eine feste Freundschaft zwischen den beiden äußerlich ungleichen Männern entwickelt, die in unbedingter gegenseitiger Loyalität gipfelte.

Endlich war die weiß-blaue Box vor Brian frei! Er nahm sein Regencape ab und ging ins Innere der Toilettenkabine. Sogleich verriegelte er die Tür. Brian litt keineswegs unter akutem Harndrang, noch hatte er das Bedürfnis, sich anderweitig zu erleichtern. Stattdessen widmete er sich den Utensilien in seinem Rucksack. Während er daraus eine Ampulle mit einer gelblich-trüben Flüssigkeit und eine Spritze entnahm, sprach er leise in das Mikrofon, das in einem kleinen Piercing in seinem rechten Nasenflügel versteckt war.

„Okay, ich bin drin!", sagte Brian und lauschte auf die Antwort, die aus dem ebenso kleinen Piercing an seiner linken Ohrmuschel kommen würde.

Die kleinen Metallstäbe, die Nase und Ohr durchbohrten, wurden in seinem Alltag als Anwalt bereits seit einem halben Jahr durch dünne, hautfarbene Membranen verborgen. In seiner Freizeit trug er sie offen zur Schau. Elaine mochte seinen unangepassten Stil, doch wenn er ehrlich war, fand seine Rebellion nur im eigenen Wohnzimmer statt. Wäre er wirklich der gewesen, der er sein wollte, dann hätte er bereits vor Jahren das Anwaltsstudium geschmissen. Jurist wurde er nur auf Anordnung seines Vaters. Überhaupt geschah so manches in seinem Leben nur, weil sein Vater es wollte. Anwalt von Daddys Gnaden zu sein, war etwas, das er tapfer ertragen hätte. Den Umstand, sein Studium von seinem Vater finanziert zu bekommen, auch. Erst die Tatsache, dass sein Vater ihm dies bei jeder sich bietenden Gelegenheit vorhielt, machte Brian die Vater-Sohn-Beziehung unerträglich.

Von den einhunderttausend Dollar, die Daddy für Brians Studium bezahlt haben will, hatte der ‚dankbare' Sohn über die Jahre immerhin bereits mehr als die Hälfte zurückgezahlt. Als Junioranwalt in einer eher bescheiden erfolgreichen Kanzlei hielt sich sein Salär in Grenzen. Um wie viel freier würde sich Brian heute Nachmittag fühlen, wenn er das Geld besitzen würde, sich von dieser Schuld freikaufen zu können!

Die Siegprämie war dabei lediglich als willkommene Beigabe geplant. Der Hauptgrund seiner Laufteilnahme bestand in der Präsentation ihres *Produktes*. Christopher war davon überzeugt, dass die Agency jeden Betrag zahlen würde, um in den Besitz seiner Wunderdroge zu gelangen. Leider lag der Verfügungsrahmen für den lokalen Einsatzleiter der National Security Agency in Boston bei drei Millionen Dollar. Jeder Cent mehr erforderte die Zustimmung der Zentrale in Fort Meade. Im Interesse einer raschen Abwicklung dieses Handels mussten sie sich deshalb in ihren Forderungen beschneiden. Doch drei Millionen und einhundertfünfzigtausend Dollar konnten ein Neubeginn sein! Brian hätte sich gern höherer Ziele bedient, würde sein angestrebter Triumph doch nichts weiter sein als die Möglichkeit, es seinem Vater – im wahrsten Sinne des Wortes – heimzuzahlen. Andererseits hatte sich dieser Wunsch über die letzten Jahre dermaßen manifestiert, dass Brian seinen bevorstehenden Triumph am liebsten vorher hinausgeschrieen hätte. Ein „Vater, ab morgen sind wir geschiedene Leute" war noch die harmloseste Variante aller von ihm im Geiste vorbereiteten, verbalen Abrechnungen. Danke für deine jahrelang verweigerte Liebe. Danke für dein mangelndes Interesse. Danke für nichts!

Chris wusste, dass Brian sich diese Abrechnung herbeisehnte und bremste ihn so gut er konnte.

Zuerst einmal würde Brian das Geld natürlich nicht cash im Zielraum erhalten. Und es würde etwas dauern, es von dem extra eingerichteten Nummernkonto auf ein Konto zu transferieren, von dem sie bedenkenlos und ohne Angst vor nachträglicher Entdeckung abheben konnten.

Außerdem: Sein Vater würde sicherlich keinen Zusammenhang zum Boston Marathon herstellen. Aber man konnte niemals vorsichtig genug sein!

Insgeheim wusste Brian, dass es gut war, von Chris zurückgehalten zu werden. Zu viel Wut und Hass hatte sich über die Jahre angestaut. Doch so besonnen Chris ihm gegenüber war, so hitzig wurde er, wenn er seine eigenen Beweggründe verteidigte. Oft genug hatte er gepredigt, es der NSA zeigen zu wollen, sie an der Nase herumzuführen, sie als Instrument seiner Abrechnung zu benutzen! Er würde sich alles zurückholen! Große Worte – doch genau so war Christopher Johnson!

Und dann kippte seine Stimmung häufig schnell ins Gegenteil. Das war dann jedes Mal der Moment, in dem er erkannte, dass er Helen niemals zurückbekommen würde. Egal, wen er austrickste!

„Wurde auch Zeit, Kumpel", antwortete Christopher, und Brian konnte sich gut vorstellen, wie sein Freund sich dabei über die Augenbrauen strich. Bei psychischer Anspannung tat er das jedes Mal. Für Chris als praktizierenden Choleriker war es die einzige halbwegs wirksame Hilfestellung, seine fast schon legendären Wutausbrüche zu unterdrücken.

„Es ist 9.40 Uhr. Wir sind genau im Zeitplan", beruhigte ihn Brian. „Ich injiziere mir jetzt deinen Wundercocktail."

Er hatte das lächelnd gesagt, doch ihm war bei allem Optimismus nicht wirklich nach Lachen zumute. So wenig, wie Brian das, was auf die Injektion folgen würde, wirklich abschätzen konnte, so sehr hasste er es, hörig zu sein. Jegliche Form von Abhängigkeit war ihm ein Gräuel! Zu lange hatte er die Anweisungen seines mächtigen Vaters befolgen müssen, zu lange war er im wirklichen Leben eine willenlose Marionette gewesen! Was nutzte der sprichwörtliche ‚goldene Löffel' im Mund, wenn sein Weg durch das Leben keine Freiheit kannte, wenn die in der Tradition seiner Familie verwurzelten Regeln jeglichen Individualismus verboten? Brian gestand sich ein, dass er Geld gewohnt war, doch solange es aus dem Familienfonds stammte, war es genauso wenig wert wie das Geld, das er in seinem ungeliebten Beruf verdiente.

Dies heute würde, *musste* ein Neuanfang sein! Ein letztes Mal wollte er sich zum Instrument machen lassen, für zwei Stunden unter den Augen von Millionen Menschen ohne eigenen Willen … Allein sein Vertrauen in Chris ließ ihn diese Vorstellung ertragen.

Brian hatte sich den Oberarm abgebunden und zog die Spritze mit der Flüssigkeit aus der Ampulle auf. Er dachte an Elaine, an den Abend und alles, was er damit verband. Dann schob er die schwärmerischen Gedanken beiseite, konzentrierte sich und stach vorsichtig durch die Haut in eine Vene. Er zog die Spritze ein kleines Stück weiter auf und erkannte an dem hineinströmenden Rot, dass er genau getroffen hatte. Vorsichtig, langsam, aber zugleich stetig drückte er die von Christopher entwickelte Droge in seine Blutbahn. An die vierzig Mal hatte er dies bereits getan. Meist während des Trainings, aber einmal auch zur Generalprobe beim Marathon in Berlin. Und Brian wusste genau, was unweigerlich folgen musste: In ein bis zwei Minuten würde sich die Substanz in seiner Blutbahn verteilt haben und er nicht mehr er selbst sein. Er würde euphorisch werden, sich fühlen wie ein junger Stier, voller Energie, Kraft und übermenschlicher Ausdauer.

Der erste Schritt war getan! Nun musste er sich beeilen. Brian verstaute Spritze und Ampulle im Rucksack, zog sich das Regencape wieder über und trat hinaus in den Regen. Wahrscheinlich hatte er nicht viel länger als zwei Minuten in der Toilette zugebracht. Kaum dass er die ersten Tropfen wieder auf seinem Umhang hörte, schloss schon der nächste Wartende die Tür der Toilettenbox hinter sich. Brian zog es derweil mit schnellen Schritten in eine Nebenstraße.

„Hey, Kumpel, alles erledigt?"

Das war Chris in seinem Ohr. Sein Kumpel! Eigentlich war es eine Unart seines Freundes, ihn ständig Kumpel zu nennen. Manchmal regte sich Brian darüber auf. Bisweilen sogar lautstark. Doch zugleich wusste Brian, dass Chris nur ihn so nannte, niemanden sonst! Und das wiederum ließ Brian erneut lächeln. Ja, er war Chris' Kumpel! Und sie würden das hier gemeinsam durchziehen!

„Ich will nur noch schnell die Spritze loswerden."

„Okay, beeil dich!"

Brian suchte einen abgelegenen Kanalisationsdeckel, sah sich kurz um und ließ Ampulle und Spritze durch eines der Löcher in die dunklen Kanäle unter Hopkinton gleiten. Als er sich wieder aus der Hocke aufrichtete, fühlte er bereits die Vorboten der Veränderung.

„Es geht los!", teilte er Christopher mit.

„Tu mir noch einen Gefallen. Ich kriege kein deutliches Signal von deinem Herzen …"

„Ich setze die Elektrode etwas höher … Ist es so besser?"

Brian spürte, wie ein heißer Schauer seinen Rücken hinauflief, er hörte wie durch dichten Nebel, dass sich Chris bedankte, seine Knie wurden weich, und sein Herz schien für einen sehr langen Moment auszusetzen … um dann Christophers Wundermixtur durch die Arterien zu jagen.

„Brian? Kumpel? Komm, sprich mit mir! Ich sehe auf meinem Bildschirm sowieso, dass alle Parameter im normalen Bereich liegen."

„Normal sagst du? Normal?? Ich werde gleich nach Boston hinein stürmen, und die Welt wird nicht glauben wollen, wie schnell ein Mensch laufen kann!"

„Brian, das wirst du sein lassen! Erinnere dich, was in Berlin passiert ist!"

Brian lief zurück zum Zelt. Er musste dieses Cape loswerden! Er musste sein Laufshirt überstreifen, und er musste sich warmlaufen. Es sollte endlich losgehen! Was nutzte ihm diese wunderbare Kraft, wenn er sie nicht einsetzen konnte!

„Ich könnte unter zwei Stunden laufen!"

Chris atmete am anderen Ende tief ein, bevor er antwortete: „Ja, das könntest du. Aber wir wollen nicht, dass dich die Welt für einen Außerirdischen hält. Unser Ziel ist es, den Lauf zu gewinnen! Nur darauf kommt es an!"

Brian murmelte etwas wie „Ja, ja", ging aber nicht weiter auf Chris' Ermahnung ein. Der ahnte, dass ein schweres Stück Arbeit auf ihn zukommen würde, um Brians überschäumende Euphorie zu bremsen.

„Kumpel, denk dran: Das ist kein Vitamin-Shake! Es kommt dir so vor, als könntest du Berge versetzen, aber du musst mit deiner Kraft haushalten! Du hast einen maximalen Zeitrahmen von einhundertfünfzig Minuten zur Verfügung. Danach wird sowohl die Substanz in deinem Körper als auch deine Ausdauer verschwunden sein. In knapp zwanzig Minuten startet der Lauf. Ab diesem Moment bleiben dir genau zwei Stunden und zehn Minuten, um das Rennen nach Hause zu laufen."

„Ich weiß das alles!", fiel Brian ihm genervt ins Wort.

„Und ich weiß, dass du es weißt! Aber du bist im Moment nicht ganz Herr deiner Sinne, und deshalb solltest du mir genau zuhören. Die injizierte Menge beinhaltet einen Notfallpuffer. Aber jeder Zwischensprint kostet dich Kraft und Zeit. Wenn du dich übernimmst, verringert sich die Wirkungsdauer. Also vergeude nicht deine Kraft! Tu, was notwendig ist, aber übertreib es nicht!"

Christopher versuchte, seine Ansprache so eindringlich wie möglich klingen zu lassen. Doch insgeheim hatte er wenig Hoffnung, Brians normalerweise reichlich vorhandenen Sinn für Logik zu erreichen.

„Ist gut, Dad!", kam dann auch prompt zurück.

Christopher hatte das alles schon einmal durchgemacht. In Berlin im letzten September hatte Brian seine Kräfte überschätzt und war nach rasantem Beginn zwei Meilen vor dem Ziel komplett eingebrochen. Die anderen Läufer flogen danach geradezu an ihm vorbei. Er schaffte es zwar noch in der für den heutigen Lauf benötigten Qualifikationszeit über die Ziellinie, aber es hätte anders kommen können. Hätte er den Lauf nicht in der geforderten Dauer beendet, wäre ihr gesamter Trainingsplan ins Wanken geraten. Die Substanz in Brians Adern war zweifelsfrei die Grundlage für den heute bevorstehenden Sieg, doch ohne hartes Training, ohne Muskelaufbau und ein ausreichendes Lungenvolumen gäbe es wenig Aussicht auf Erfolg.

Zwei Jahre lang musste Brian für den heutigen Tag trainieren. Er war unzählige Meilen gelaufen, hatte viele Stunden auf dem Rad und im Schwimmbecken zugebracht. Er war auf den Tag genau fit ... Und er war übermütig wie ein kleiner Junge.

„Ich übe schon mal den Schlussspurt!"

„Das wirst du nicht tun! Du bist sowieso schneller als jeder andere im Feld. Du wirst keinen Schlussspurt brauchen!"

Brian erwiderte nichts. Doch Chris konnte auf seinem Monitor genau erkennen, dass der Puls seines Schützlings zum ersten Mal an diesem Morgen über hundertfünfzig Schläge ging. Unbewusst strich sich Christopher über die Augenbrauen. Es half ihm, nur ein „Gott erbarme" zu murmeln und nicht sofort loszuschreien. Aber er dachte an den ganzen Aufwand, den er bislang zum Gelingen des Unternehmens beigesteuert hatte. Ein Plan war immer nur so gut wie die für seine Durchführung benötigten Bestandteile. Diesen Satz hatte einer der Professoren in Harvard immer als Eingangsfloskel für seine Vorträge benutzt. Chris konnte sich nicht mehr an den Namen des Professors erinnern, der Satz jedoch war in seinem Gedächtnis haften geblieben. Und er hatte sich bewusst danach gerichtet, denn er allein hatte sowohl die Software als auch die Hardware für ihren Coup geliefert. Die Software war selbstverständlich die von ihm entwickelte Dopingsubstanz, die einen ambitionierten Sportler wie Brian in eine wahre Laufmaschine verwandeln konnte. Als unerlässliche Hardware erachtete Christopher die ebenfalls von ihm erdachte und konstruierte Sende- und Empfangseinheit, die Brian in diesem Moment an seinem Handgelenk trug und die äußerlich einer ganz normalen Sportuhr glich. Neben einem profanen LED-Licht, das es mit jeder handelsüblichen Taschenlampe hätte aufnehmen können, verbarg sich im Inneren ein Miniaturhochleistungscomputer, der eine Sprechverbindung vom Mikrofon in Brians Nasenpiercing bis zur zwölf Meilen entfernten Empfangseinheit in Christophers Kellerzentrale und zurück zu dem Lautsprecher in Brians Ohrpiercing übertragen konnte. Das Handy der Zukunft, hatte Brian gewitzelt und damit böse Erinnerungen in Christopher Johnson ausgelöst. Sechs Jahre hatte Chris für die National Security Agency geforscht und dabei fast nebenbei die Grundlagen dieser revolutionären Technik entwickelt. Hätte er diese Forschungsarbeit unabhängig durchgeführt und seine Erfindung als Patent angemeldet, hätte er damit Millionen verdienen können. So aber wanderte alles in die Tresore der NSA, und er bekam gerade einmal ein trockenes Dankeschön als Gegenleistung. Unbewusst ballte Chris die Fäuste. Die Erinnerung tat weh! Jedes Mal wieder. Das alles hätte sich anders abspielen können – anders abspielen müssen! Helen würde noch leben! Und er würde noch etwas empfinden können. Zumindest mehr als diesen Hass auf die Agency. Und die Trauer um Helen.

Der erneute Anstieg der EKG-Kurve auf dem mittleren Monitor riss Christopher in die Wirklichkeit zurück. Der Computer an Brians Handgelenk übermittelte auch die Werte der Körper-Elektroden in die geheime Kellerbasis.

„Was ist los, Kumpel? Willst du unbedingt unseren Plan schon vor dem Start sabotieren?"

„Das geht mir hier alles zu langsam! Ich will endlich die Weltbestzeit pulverisieren!"

Chris erkannte, dass die Gründe für seine Augenbrauenmassagen vorerst dieselben blieben. Still verfluchte er den Nebeneffekt der Droge, vor lauter Euphorie jegliche Möglichkeit einer logischen Einschätzung zu verlieren. Und er verfluchte seine eigene Nachlässigkeit, diese Nebenwirkung nicht längst eliminiert zu haben! Dabei hatte Brian die ihm verbleibende Zeit auf seinem Uhrendisplay! Der Computer errechnete anhand der von den Elektroden übermittelten Belastungen einen relativ genauen Zeitpunkt, wann die Substanz komplett abgebaut sein würde und zeigte Brian dies als Countdownzeit an. Allerdings war Chris' Kumpel weit davon entfernt, diese Gratisinformation auch zu nutzen.

„Brian, bitte…"

„Hast du mich eben Brian genannt? Bitte benutz ab jetzt den Namen Longer, Fred Longer! Oder willst du meine Tarnung auffliegen lassen?"

Natürlich wollte Chris das nicht! Brian war bereits in Berlin unter dem Namen Longer gestartet. Und das aus gutem Grund! Schließlich war das, was sie hier vorhatten, nichts weiter als gemeiner Betrug. Während Chris im Verborgenen agierte, konnte Brians wahre Identität nur durch einen falschen Namen, eine blonde, neuartige, *atmungsaktive* Kurzhaarperücke, blaue Kontaktlinsen, die feinen, hautfarbenen Membranen, die die Piercings verbargen, und einen kleinen Schnurrbart geschützt werden. Schließlich sollte nach dem Empfang der Siegerprämie von 150.000 Dollar aus dem phänomenalen Fred Longer wieder ein unbehelligt lebender Brian Harding werden.

„Es geht gleich lo-hos!", jubelte Brian in Christophers Ohr.

Die wirklich gute Nachricht war jedoch, dass Brians EKG-Kurve wieder etwas abflachte. Chris wusste, dass es ihm unbedingt gelingen musste, Brian trotz seines Euphoriehochs auf den Boden der Tatsachen zurückzuholen. Andernfalls drohte dieser Lauf zu einer Kopie des Berlin Marathons zu werden.

Mittlerweile sprang die Anzeige der großen Uhr neben der Startlinie auf 9.55 Uhr. Der Bereich für die schnellen Läufer, die so genannte Elite, wurde geöffnet. Die Weltspitze genoss, wie bei fast allen großen Rennen auf diesem Planeten, das Vorrecht, rund zwanzig Meter vor dem Hauptfeld starten zu dürfen, um damit dem anfänglichen Gerangel zu entgehen. Brian beobachtete diesen Vorgang mit gebührendem Abstand. Wäre er in Berlin nur schneller gewesen, ärgerte er sich! Doch zugleich lächelte er über das armselige Vermögen der vermeintlich Besten. Sie würden keine Chance gegen ihn besitzen!

Er nahm das Regencape ab und warf es achtlos neben die Runners Corrals, wie der Teil der Straße genannt wurde, der zunächst nur die erste Hälfte der insgesamt zwanzigtausend

Läufer aufnahm. Eine halbe Stunde später würden die langsameren zehntausend Jogger ebenfalls von hier auf ihre Reise nach Boston gehen.

Brian alias Fred trug ein dunkelrotes Funktionshirt und eine schwarze Laufhose. Dazu schwarze Laufhandschuhe, derer er sich aber später zu entledigen gedachte – zumindest, wenn sich seine Hoffnung auf besseres Wetter erfüllen sollte. Auf seiner Brust prangte die Startnummer 368. Brian schaffte es, sich im vorderen Fünftel in die Massen einzureihen. Er zog sich eine Schirmmütze über die Kurzhaarperücke und drängelte sich nicht gerade rücksichtsvoll durch die Schar der wartenden, hüpfenden, sich irgendwie warm haltenden Läufer weiter nach vorn. Sein Ziel war es, in die zehnte oder zwanzigste Reihe des Hauptfeldes zu gelangen. Das würde ihm für den Anfang genügen. Die Weltspitze würde er noch früh genug attackieren!

Die Temperatur lag bei elf Grad Celsius, der Himmel war von Wolken verhangen, dazu der Regen, der glücklicherweise nur noch ein feiner Nieselschauer war. Keine idealen Bedingungen. Aber es hätte schlimmer sein können.

Brian hatte sich ungefähr in die dreißigste Reihe vorgearbeitet, als die Mauer der Rücken vor ihm nahezu undurchdringlich wurde. Er mied jeden Augenkontakt zu den neben ihm Stehenden und blickte stumm auf seine Schuhe hinab. Dabei schwankte er mit dem Oberkörper wie ein Bär in einem viel zu engen Käfig hin und her. Seine Ungeduld zu zügeln, war ihm schlicht unmöglich. Ein Bellen hinter ihm lenkte ihn zumindest für einige Sekunden ab. Irgendjemand hatte seinen Hund nicht angeleint. Der Vierbeiner tollte zwischen den blassen Schenkeln der Läufer herum, als wäre das der größte Spaß, den es je zu erleben gäbe. Es blieb der einzig erwähnenswerte Zwischenfall in den letzten Sekunden vor dem Start. Hätte sich Brian für die anderen Läufer interessiert, wäre ihm sicherlich ein Detail aufgefallen: Die Augen der meisten Teilnehmer strahlten vor Begeisterung! Sie alle teilten nur einen Gedanken: Gleich würde es soweit sein! Der ersehnte Moment nach all den Trainingsmeilen, dem Schweiß, den Schmerzen, den Rückschlägen und der oft beschriebenen Einsamkeit des Langstreckenläufers war gekommen! Sechsundzwanzig Meilen und dreihundertfünfundachtzig Yards lagen vor ihnen. Sie würden frieren und schwitzen, fluchen und jubeln, und alle, die es ins Ziel schaffen würden, hätten zumindest einen kleinen Sieg errungen. Der große indes, und damit einzig zählbare, blieb Brian, alias Fred Longer, mit der Nummer 368 vorbehalten.

Der hoffte nur, dass die Zeit schneller vergehen möge. Wäre er ein Sprinter gewesen, er hätte seine Spikes tiefer und tiefer in die Startblöcke gedrückt. Der Asphalt der East Main Street jedoch bot wenig vergleichbaren Halt, um Brian nach dem Startschuss nach vorne zu katapultieren. Er blickte nur in Richtung der Startlinie und tat das, was ihm in diesem Augenblick am schwersten fiel: Er wartete.

Natürlich hatte er keinen Blick für die Menschen hinter den Absperrgittern übrig. Dabei spiegelte sich auch dort die Begeisterung in den Gesichtern der Zuschauer wider. Obgleich jeder hier um die Wahrheit wusste: Der Glanz in dieser kleinen Stadt würde ebenso schnell vergehen wie er gekommen war. Und dieser unaufschiebbare Zeitpunkt nahte, als der Starter seine Pistole zum Himmel und das Mikrofon an den Mund hob. Die Schar der Läufer zählte gemeinsam mit ihm den Countdown herunter. Die Anzeige der Startuhr näherte sich der Zehn-Uhr-Marke, und dann endlich ertönte der Knall, auf den Brian flehentlich gewartet hatte.

2

„Es ist geschehen, meine Damen und Herren! Die Läufer sind auf der Strecke! Wie nicht anders zu erwarten, schieben sich einige der weniger bekannten Kenianer an die Spitze und ermöglichen ihren favorisierten Landsleuten, sich vorerst im Windschatten zu schonen. Offensichtlich haben wir heute eine ganze Reihe von Hasen in der Spitzengruppe, die das Tempo für die kenianischen Favoriten Roger Koskai und Samuel Endraba machen sollen. Für die Zuschauer unter Ihnen, denen die Gepflogenheiten des Laufsports nicht geläufig sind, möchten wir, Justyna Hunter, und ich, Scott McNeal, Ihnen erklären, was Hasen sind und was ihre Aufgabe in diesem Rennen sein wird.“

Steve Jacobson wandte sich vom Fernseher zu seinen Kollegen im Büro um. Ursprünglich war dieses Zimmer ein Besprechungsraum. Die Tatsache, dass hier ein Fernseher und eine Kaffeemaschine standen und das Zimmer mit seiner Südwestlage und der breiten Fensterfront zu den hellsten des gesamten Gebäudes zählte, führte die Schritte des Teams wie von selbst immer wieder hierher. Ein Büro im eigentlichen Sinne wurde es aber erst, als ihr Jüngster, Mike Lynch, hier seinen Schreibtisch aufbauen musste. Der Platz in der Bostoner NSA-Außenstelle war – im Gegensatz zur Zentrale in Fort Meade – knapp bemessen. Ein Umstand, der von ihrem Vorgesetzten Bart Lucas immer als Vorteil dargestellt wurde. Wenn man beim morgendlichen Dienstantritt die meisten Kollegen beim Vor- und Nachnamen kennt, so seine Argumentation, dann gibt das gerade in ihrem Beruf eine sehr wichtige Form von Sicherheit. In einem Betonklotz mit mehreren Tausend Mitarbeitern hingegen ist die Sicherheit ein sehr relativer Begriff. Es kommt immer darauf an, den

Überblick zu behalten! Mit diesem Leitsatz war Bart Lucas immer gut gefahren. Zumindest hier in Boston.

Steve, dem die Akne in jungen Jahren stark zugesetzt zu haben schien, schaute seinen älteren Kollegen über eine rahmenlose Brille fragend an. Die Fernbedienung hielt er dabei wie einen unverzichtbaren Gegenstand fest in der rechten Hand. Richard Brunner, seine Zigarettenschachtel seit geraumer Zeit unbewusst auf dem Tisch hin und her schiebend, blickte tadelnd zurück.

„Was ist?", fragte Steve herausfordernd.

„Du glaubst, weil Bart heute nicht da ist, kannst du dir die kleine Freiheit erlauben?"

„Bart Lucas ist zufällig nicht nur unser Chef, sondern auch ein riesiger Marathon-Fan. Er hätte mein Interesse nicht nur verstanden, er hätte es sogar gut geheißen! Außerdem ist er wahrscheinlich selbst an der Strecke."

„Genau das ist der Unterschied! Wie in jedem Jahr hat er sich auch heute frei genommen. Du allerdings hast heute Dienst! Und wenn gleich Miss Parker durch diese Tür kommt, dann wird sie deinen Enthusiasmus für die Sportübertragung mit Sicherheit nicht teilen."

Alle, einschließlich Miss Parker, wussten, dass Steve Jacobson keinen Boss außer Bart Lucas akzeptierte. Was Bart sagte, kam für Steve einem Evangelium gleich. Was Miss Parker befahl, war in seinen Augen im besten Fall fragwürdig.

Außerdem war er, wie Bart auch, ein praktizierender Fan. Steve war früher selbst aktiv – allerdings auf der Mittelstrecke – und hatte es bis zum Gewinner der Bostoner Jugendmeisterschaft über die Meile gebracht. Leider glaubte er nicht zuletzt deshalb, jedem das Laufen als einzig logische Freizeitbeschäftigung nahe bringen zu müssen. Zwar ging er mit gutem Beispiel voran und fuhr samt seiner allgegenwärtigen Sporttasche nach dem Dienst täglich in den Stadtteil

Back Bay, um im Boston Common Park zu joggen. Doch das war nicht der Punkt, den ihm Richard in diesem Moment vorwarf. Steve sah um Unterstützung buhlend zum Neu-Bostoner Mike Lynch hinüber. Der aus einem kleinen Kaff in Kalifornien stammende junge Mann, dessen Teint und Statur mehr zu einem Surferboy als einem Bostoner Agenten im Innendienst passte – schließlich war Neu-England nicht unbedingt bekannt für seine hohe Anzahl an Sonnentagen – stimmte im Innersten seines Herzens eher Richard zu. Er wusste jedoch, dass es klüger war, hier keine Position zu beziehen. Seine Meinung galt in diesem Kreis noch nicht allzu viel. Da half es wenig, dass er es seinen älteren Kollegen gleichtat und einen dunklen Anzug im Dienst trug.

Der leicht übergewichtige Richard Brunner hingegen gab den alten Hasen und trug seinen Anzug mit einer dementsprechenden Lässigkeit. Der Schlipsknoten saß unter dem säuberlich gestutzten Vollbart immer leicht geöffnet, und das Vorhandensein eines obersten Hemdknopfes wurde von ihm grundsätzlich ignoriert. „Schnelle Gedanken brauchen Luft", pflegte er zu sagen. Die wiederum vernebelte der passionierte Raucher bei jeder sich bietenden Gelegenheit mit seinem Zigarettenqualm.

Steve Jacobson hingegen schien als ewiger Aufsässiger gebrandmarkt. Zwar waren seine Erfahrung anerkannt und seine Verdienste unbestritten, doch seine neunmalkluge, eigensinnige Art brachte ihn ein ums andere Mal in Schwierigkeiten. Nur seine unbestrittenen Fähigkeiten hatten ihn bislang vor disziplinarischen Maßnahmen bewahrt.

Zusammengehalten wurde diese Gemeinschaft von der über jeden Zweifel erhabenen Einsatzleiterin Rachel Parker. Obwohl sie für die Position einer stellvertretenden Einsatzleiterin mit ihren neunundzwanzig Jahren noch überaus jung war, hatte sie durch ihren Einsatzwillen und eine gewisse Skrupellosigkeit rasch die Anerkennung selbst manch älterer Agenten erfahren. So war es alles andere als ein Wunder, dass sie zu Bart Lucas' rechter Hand aufstieg.

Nach der Anzahl an Dienstjahren hätte der Posten natürlich Richard zugestanden. Zu Rachels Ernennung gratulierte er ihr jedoch ohne das geringste Zeichen von Neid, und auch danach bewies er mehrfach, dass er sie in dieser Position akzeptierte.

Auf dem Flur war das Klacken von Absätzen zu hören. Steve Jacobson schaltete sofort den Fernseher aus. Richard sah, dass sein Kollege dies nur höchst widerwillig tat. Steves Blick zur Uhr über der Bürotür stand offensichtlich für seine lautlose Missbilligung, dass die Einsatzleiterin später als er zum Dienst erschien. Immerhin war sie am heutigen Tage die einzige Person mit Handlungsvollmacht in der Bostoner Außenstelle. Doch entgegen Steves geheimen Wünschen kam es keinem nationalen Notstand gleich, dass Rachel Parker erst drei Minuten nach Zehn das Büro der Spezialeinheit betrat. Wie immer trug sie auch heute einen ihrer zahlreichen anthrazitfarbenen Hosenanzüge. Außerhalb der NSA-Filiale hatte sie noch keiner ihrer unmittelbaren Kollegen gesehen. Insofern gab es nur Gerüchte, die jedoch immerhin besagten, dass Rachel Parker tatsächlich Röcke und Kleider besaß. Der Anzug, den sie heute trug, hatte etwas, das ihre Kollegen gemeinschaftlich an eine Politesse denken ließ. Unterstützt wurde dieses Erscheinungsbild durch ihre Frisur. Sie hatte ihr volles Haar streng nach hinten zu einem Zopf gebunden. Die Augen waren dunkel geschminkt, die Lippen wirkten schmal. Ihr dunkelroter Lippenstift verstärkte diesen Eindruck nur noch. Dennoch, oder gerade deswegen, erschien ihr Gesicht makellos.

„Guten Morgen, Gentlemen! Wie ich sehe, sind Sie alle tatenhungrig zum feiertäglichen Dienst erschienen. Steve, ich kann Ihr Interesse für den Lauf durchaus verstehen …" Tatsächlich zeigte sich so etwas wie Hoffnung auf Jacobsons Gesicht. Bis Parker diese gnadenlos zunichte machte: „Der Fernseher bleibt dennoch aus!"

Kaum, dass sie sich an den Besprechungstisch gesetzt hatte, war Mike mit einem Becher Kaffee zur Stelle. Sie bedankte sich knapp und erinnerte ihn zugleich daran, dass er sie auf andere Art beeindrucken müsse. Mike erwiderte nichts und setzte sich mit seinem eigenen Kaffeebecher ans andere Ende des Tisches.

„Miss Parker?", versuchte Brunner sofort ihre Aufmerksamkeit zu erlangen.

„Was gibt es, Richard?" Rachel Parkers Frage klang interessiert und hellwach.

„Wir haben vor circa einer halben Stunde einen Tipp von einem anonymen Anrufer bekommen: Johnson soll in der Stadt sein!"

„Christopher Johnson?"

Brunner nickte ihr vielsagend zu. Rachel Parker nahm ihren Becher in die Hand, wärmte sich daran für einen kurzen Moment die Hände und schien in Gedanken versunken. Dann lächelte sie in die Runde.

„Ausgerechnet am Tag des Marathons zieht es Johnson zurück in heimatliche Gefilde. Ich finde das interessant! Wie ist es mit Ihnen, meine Herren?"

Mike verstand offensichtlich nicht, warum der Name Johnson solch ein Gewicht hatte. Richard und Steve indes wussten genau, was den Genannten zum Mittelpunkt des Interesses machte. Rachel überlegte einen Moment, dann tat sie das, wofür sie den Posten als Einsatzleiterin erhalten hatte: Sie handelte!

„Steve, schalten Sie die TV-Übertragung ein. Mike, Sie finden heraus, wie schnell ein Heli samt Pilot verfügbar ist."

Letzterer hob seine Schultern ein wenig hilflos, griff aber gleichzeitig zum Telefonhörer.

„Bin schon dabei. Aber könnte mir bitte jemand sagen, was so wichtig an diesem Johnson ist?"

Rachel sah ihn nur scharf an. Sofort wählte er die Nummer des Disponenten und fragte, wie von seiner Chefin gefordert, nach der Verfügbarkeit eines Hubschraubers. Eine Weile hörte er dem Disponenten zu, dann gab er das Gehörte weiter.

„Myers sagt, dass unser Pilot vor vierzig Minuten in Richtung Hartford abgeflogen ist. Derzeit ist kein zweiter Helikopter verfügbar."

„Manchmal komme ich mir vor, als wären wir der letzte Außenposten der Agency. *Ein* Helikopter! Nur ein einziger für eine ganze Stadt – eigentlich für ganz Massachusetts!"

Parker griff sich an den Kopf. Es mochte wie eine Geste der Hilflosigkeit wirken, doch Rachel überdachte sofort die Alternativen.

„Sagen Sie Myers, er soll die State Police anrufen. Die NSA besitzt in Sonderfällen Verfügungsgewalt. Die sollen schnellstmöglich einen ihrer Helis zu uns schicken."

Lynch gab das sofort weiter, hörte Myers Antwort, legte den Hörer auf die Gabel und berichtete.

„Myers sagt, dass das kein Problem sein sollte. Die State Police hilft uns immer gern. Er ruft zurück, sobald er die Bestätigung hat."

Parker nickte zufrieden. Dann wies sie Steve an, dafür zu sorgen, dass die Fernsehübertragung des Laufs von nun an mitgeschnitten würde.

„Wonach suchen wir denn?", fragte Mike unsicher.

„Das sage ich Ihnen, wenn wir es gefunden haben", gab Rachel ungerührt zurück. Aber dann schien sie doch ein Einsehen zu haben und bat Richard, Mike Lynch die wichtigsten

Fakten über Christopher Johnson mitzuteilen. Gleichzeitig setzte sie sich an ihren Laptop, um das Profil des meistgefragten Mannes an diesem Montag in der NSA-Datenbank aufzurufen. Währenddessen telefonierte Steve mit der Technik, damit keine Sekunde des Marathons unaufgezeichnet blieb. Richard nahm sich derweil Mike zur Seite und begann, sein Wissen über Johnson mit seinem jungen Kollegen zu teilen.

„Christopher Johnson war vor geraumer Zeit einer von uns. Genau genommen war er unser bester Mann. Er wuchs in Boston auf und studierte in Harvard. Wenn ich mich recht erinnere, war sein Hauptfach chemische und physikalische Biologie. Das tut aber eigentlich nichts zu Sache, denn Christopher ist das, was man ein Genie nennt! Er hätte jedes Fach belegen können und hätte darin brilliert. Die NSA wurde durch Zufall auf ihn aufmerksam. Seine Eltern kamen vor einigen Jahren bei einem Flugzeugabsturz ums Leben. Tragische Sache ...“

Für einen Moment schien Richard den Faden verloren zu haben. Er räusperte sich und suchte irgendwie den Weg zurück in seine Erklärung.

„Jedenfalls untersuchten wir damals den Fall. Dabei stießen wir natürlich auf Christopher. Die NSA ist immer auf der Suche nach Menschen mit besonderen Begabungen, vorzugsweise in Kombination mit patriotischer Gesinnung. Chris' Potenzial wurde rasch erkannt. Die Agency bot ihm maximale Entfaltungsmöglichkeiten, und so brach er sein Studium für Flagge und Vaterland ab, um fortan in den Laboren der NSA zu forschen. Vierundzwanzig Jahre war er damals alt. Vielleicht machte ihn ja seine jugendliche Unerfahrenheit für die Werbung vonseiten der Agency empfänglich ...“

Brunner stellte plötzlich fest, wie still es im Büro war. Steve hatte den Ton der Marathonübertragung ausgeschaltet und sah genau wie Rachel zu ihm herüber. Richard besaß genug Ego, um sich davon nicht ablenken zu lassen. Insgeheim fragte er sich jedoch, was wohl Miss Parker über Johnson erzählt hätte.

„Na ja, zumindest hat er in den folgenden Jahren ein paar revolutionäre Entwicklungen präsentiert, die teilweise heute noch zur Standardausrüstung unserer Agenten gehören. Und das, obwohl er häufig nachlässig war. Zu schnell war er gelangweilt von Aufgabenstellungen, deren Lösungen ihm geradezu in den Schoß fielen. Selten hat er seine Erfindungen wirklich bis zur vollständigen Reife ausgefeilt. Meist brach er bei gefühlten fünfundneunzig Prozent ab und war damit immer noch allen anderen Entwicklern haushoch überlegen!"

Mike wartete ein paar Sekunden, ob Richard seinen Vortrag würde fortsetzen wollen, dann hob er ein wenig die Arme und zuckte mit den Schultern: „Das erklärt aber nicht, weshalb er fahnenflüchtig wurde. Und das muss er wohl geworden sein, sonst würden wir nicht die Jagd auf ihn vorbereiten ..."

„Es hat also doch einen Grund, weswegen Sie zu uns versetzt wurden", warf Rachel Parker mit sanftem Spott ein, ehe sie Richards Ausführungen fortsetzte. „Wie bei so vielen geistigen Größen lagen auch bei Christopher Johnson Genie und Wahnsinn dicht beieinander. Er allein war imstande, jede Aufgabe zugleich mit einer unglaublichen Präzision als auch mit einer fast schon an Arroganz grenzenden Lässigkeit auszuführen. Und genau die gleiche Person wurde zur Furie, wenn ihm etwas nicht auf Anhieb gelang oder anderweitig ins Stocken geriet. Sein Genie hatte ihn immer verwöhnt. Alles fiel ihm leicht. In seinen Augen existierte kein unlösbares Problem. Bis vor vier Jahren. Damals wurde er mit genau einem solchen Problem konfrontiert!"

Sie atmete tief ein. Als wüsste sie genau, dass ihr der nun folgende Teil schwerer über die Lippen kommen würde.

„Christopher hatte sich einige Jahre zuvor in eine Stuntfrau aus Kalifornien verliebt. Wenn ich mich recht erinnere, war ihr Name Helen. Alles lief wunderbar mit den beiden. Sie zog nach Boston und eröffnete hier eine Stuntschule, die schon sehr bald erfolgreich wurde. Christopher und Helen planten bereits ihre Hochzeit, dachten an gemeinsame Kinder – bis das Schicksal in Form einer nicht behandelbaren Krebserkrankung bei Helen zuschlug. Es dauerte eine Weile, bis Johnson einsehen musste, dass er trotz seines Genies diesem Problem nicht gewachsen war. In seiner Not wandte er sich an die Agency. Dies jedoch nicht als Bittsteller, wie es wahrscheinlich jeder andere Mensch getan hätte. Christopher forderte finanzielle Unterstützung und unbefristeten Urlaub. Dabei überging er Bart Lucas ebenso wie dessen Vorgesetzte. Er wandte sich direkt an die Führung in Fort Meade und glaubte, dass alle springen würden, wenn Christopher Johnson pfiff. Nun könnte man ihm zugute halten, dass die von ihm entwickelten Geräte, Formeln und Substanzen, hätte er sie in der freien Wirtschaft ausgetüftelt, ihm Millionen eingebracht hätten. In der Agency ist das jedoch anders! Und dass dies so war und immer so sein würde, hatte er gewusst und eine entsprechende Vereinbarung unterschrieben, als er seine Arbeit bei uns aufnahm. Natürlich war seine fordernde Art alles andere als ein cleverer Schachzug. Was soll ich sagen: Die Agency ließ sich nicht erpressen und gewährte ihm folglich keinerlei Unterstützung. Und ohne die notwendigen finanziellen Mittel starb zuerst die Hoffnung … und dann seine Freundin!

Wahrscheinlich hätten sowohl der von Christopher geforderte Urlaub als auch die finanzielle Zuwendung Helens Ende nicht verhindert. Doch in Johnsons Augen gab es fortan nur einen Schuldigen: die NSA!“

Mike sah, dass sowohl Richard als auch Steve den Kopf gesenkt hielten. Offensichtlich hatten beide diesen Johnson gut gekannt. Zumindest gut genug, um von Parkers Worten betroffen zu sein.

„Er verließ die Agency?", fragte Mike nach.

„Oh ja! Sozusagen mit Pauken und Trompeten!", nahm Richard den Faden wieder auf. „Er ließ seine Forschungsergebnisse der letzten Jahre verschwinden, löschte die Backups, verwüstete die Laboratorien und hinterließ sogar ein Virus im internen Computersystem. In seiner unendlichen Wut tat Christopher scheinbar alles, um Staatsfeind Nummer Eins zu werden. Und so groß seine Verdienste in der Zeit davor auch gewesen waren, der angerichtete Schaden war zu groß, um vonseiten der Agency darüber hinweg sehen zu können. Seither wird Johnson mit Haftbefehl gesucht. Und einige Male war er einer Verhaftung nur mit einer gehörigen Portion Glück und dank seines Genies entkommen. Doch früher oder später wird er sich zu verantworten haben!"

„Wo ist die Verbindung zum Marathon?"

Rachel Parker machte ein überraschtes Gesicht. Gleichzeitig nickte sie anerkennend in seine Richtung. „Das ist eine gute Frage, Mike!" Dann zielte sie mit dem Zeigefinger auf Jacobson. „Wir sind in Ihrem Fachgebiet angelangt, Steve!"

Der Angesprochene breitete seine Arme mit großer Geste aus und begann, Mikes Frage zu beantworten: „Knapp zwei Jahre vor Johnsons legendärem Abgang kam die Army zu uns. Für den Soldaten der Zukunft wollten sie die Agency mit der Entwicklung einer Ausdauer fördernden Substanz beauftragen. Die Army gab uns komplett freie Hand. Allerdings war der Zeitrahmen mit zwei Jahren äußerst knapp gesteckt. Und auch die Anforderungen waren gewaltig! Bereits für die ersten Tests wollten sie von uns eine Verdreifachung der Kraft und Ausdauer geliefert bekommen."

Mike hob die Hand für eine Zwischenfrage.

„Wie sollte das gehen? Eine Tablette und man wird zum grünen Ungeheuer?“

„Wie ich schon sagte: Die Army ließ uns freie Hand. Eine Tablette, eine Spritze, Bestrahlung, was auch immer erfolgreich sein würde: Hauptsache, wir lieferten pünktlich! Ohne Christopher in unseren Reihen wäre es wahrscheinlich nicht in dieser Zeit machbar gewesen. Doch Johnson war sofort Feuer und Flamme. Er stürmte mit diversen Ansätzen aufs Ziel los. So versuchte er es zunächst mit einer Weiterentwicklung von EPO, einem ursprünglich zur Förderung der Blutbildung entwickelten Glykoprotein-Hormon, das später durch Missbrauch innerhalb des Leistungssports zu zweifelhaftem Ruhm gelangte.“

Mike erkannte langsam, wo die von ihm erfragte Verbindung zum heutigen Marathon lag, doch wagte er nicht, Steve zu unterbrechen. Nun wollte er die ganze Geschichte hören. Und Jacobson tat ihm den Gefallen.

„Parallel startete er Versuchsreihen an Mäusen, die mit einem Wachstumshormon geimpft wurden. Christopher, und mit ihm ein Team von zehn Mitarbeitern, arbeitete aber auch an einem Virus, das den gewünschten Effekt hervorrufen sollte. Ich glaube, Christopher schlug anfangs rund zwanzig verschiedene Wege ein. Es bedurfte schon eines Genies, um diese Möglichkeiten überhaupt zu erkennen. Doch relativ schnell kristallisierten sich die ersten drei Wege als einzig gangbare heraus. Nach achtzehn Monaten gelang es Christopher, eine dem EPO recht ähnliche Droge zu synthetisieren. Diese EPO-Imitation erhöhte die Bindungsfähigkeit des körpereigenen Hämoglobins, steigerte dadurch die Sauerstoffaufnahme, beschleunigte den Stoffwechsel und bremste zugleich die Auswirkungen auf Herz und Kreislauf. Es war ein riesiger Erfolg, in nur eineinhalb Jahren überhaupt so weit gekommen zu sein! Allerdings gab es selbst bei der einzig verbliebenen Lösung zwei Wermutstropfen. Zum einen ließ sich die Kraft nicht im gleichen Maße wie die Ausdauer steigern: Einer Ausdauererhöhung von zweihundertachtzig Prozent stand nur ein vergleichsweise geringer Kraftzuwachs von siebenundzwanzig Prozent gegenüber. Der zweite unerwünschte Nebeneffekt war noch drastischer: Die Wirkung der Droge verflüchtigte sich bereits nach einer Stunde nahezu schlagartig. Johnson war mehr als unzufrieden darüber, blieb nächtelang im Labor und versuchte die Formel zu verbessern. Möglicherweise war er sogar erfolgreich. Doch das haben wir nie erfahren. Christopher verließ die Agency, und mit ihm ging das Wissen um die Formel. Zu spät war uns aufgefallen, dass keiner seiner Mitarbeiter imstande war, die Substanz zu reproduzieren. Johnson war weg, und die Agency stand buchstäblich mit leeren Händen da. Die Army ging, nachdem wir passen mussten, zur Universität von Berkeley. Die schlugen einen anderen Weg ein und arbeiten seitdem an einem Exo-Skelett. Eine Art motorisierte Rüstung verstärkt die menschlichen Kräfte und schont damit indirekt die Ausdauer. Aber es minimiert die Beweglichkeit. Johnsons Ansatz wird wohl noch auf Jahre der praktikablere Weg bleiben. Doch wie gesagt: Die Agency stand mit leeren Händen da. Und Johnson hinterließ damit eine offene Rechnung!“

Mike hatte so etwas wie Bewunderung in Steves Schilderung gehört. Der Schlusssatz war nur eine Floskel, die er ohne Rachel Parker im Raum sicherlich nie gesagt hätte. Auch Richards Teil der Geschichte klang in Mikes Ohren nicht wirklich nach ‚offenen Rechnungen‘.

Miss Parker schien von den Erinnerungen zwar durchaus berührt, dennoch lenkte sie die Aufmerksamkeit aller wieder auf die bevorstehende Jagd: „Genug der Gefühlsduselei! Er war ein sturer Bock und aufbrausend. Und er hat uns alle verarscht! Mir persönlich ist es egal, welche Gründe er dafür hatte. Er hat sich mit uns angelegt, und es war nur eine Frage der Zeit, wann wir ihn kriegen würden! Heute ist der Tag der Abrechnung!“

„Eigentlich wäre das FBI dafür zuständig“, wagte Mike einzuwerfen. Parker ließ sich davon nicht beeinflussen.

„Wir …“, das erste Wort betonte sie besonders, „haben den Tipp bekommen, nicht das FBI! Also gehört er uns! Außerdem gilt unter Geheimdiensten das ungeschriebene Gesetz: Wer's findet, der darf es auch behalten.“

„Und wir haben ein Erstinteresse“, gab Richard hinzu. „Die uns von der Regierung zugewiesene Hauptaufgabe ist schließlich, Informationen zu beschaffen, auszuwerten und weiterzuleiten. Das werden wir auch in diesem Fall tun. Wenn wir Johnson finden, finden wir auch die Formel. Letzten Endes holen wir uns nur zurück, was der Agency sowieso gehört!“

Brunner hatte sich dabei ein wenig lehrerhaft in Mikes Richtung gedreht. Der nickte ihm in Gedanken versunken zu. Vielleicht musste man in diesem Job vor allem Patriot sein, dachte sich Mike nach Richards kleiner Ansprache. Und er erinnerte sich zugleich an die Worte, mit denen seine Kollegen diesen Johnson beschrieben hatten. Vermutlich war Christopher Johnson zu seiner aktiven Zeit der größte Patriot von allen gewesen.

Der junge Kalifornier musste seine stille Analyse jedoch vorerst verschieben, denn Rachel Parker bat alle näher an den Tisch heran. Mike zog eilig die Jalousien zu und setzte sich zu Steve und Richard, die beide längst Platz genommen hatten. Rachel selbst stellte sich ans Whiteboard. Mit einem schwarzen Stift schrieb sie schwungvoll die Worte Motivation, Risiken und Zugriff auf. Dass dabei drei Augenpaare auf den unteren Teil ihres Körpers starrten, war ihr ebenso bewusst wie egal. Wichtiger war ihr, dass die Distanz gewahrt blieb und sie als Chef anerkannt war. Es gelang ihr mühelos, selbst in figurbetonter Kleidung zugeknöpft und unnahbar zu wirken.

„Zur Analyse! Punkt Eins: Warum ist Johnson hier?"

Mike Lynch hob den Arm und wurde dafür von Steve und Richard tadelnd angeschaut.

„Wir sind hier nicht in der Schule, Mike. Solange Sie niemandem ins Wort fallen, können Sie Ihren Gedanken freien Lauf lassen", belehrte ihn Rachel Parker.

Vollends verunsichert ließ Mike Lynch die Hand wieder sinken. „Ich denke, er wird die Ausdauer fördernde Substanz beim Marathon einsetzen wollen."

Die Worte hatten seine Lippen noch nicht verlassen, als ihm klar wurde, dass das sowieso allen bewusst war. Diese Erkenntnis ließ ihn vorerst verstummen. Er schloss seinen Mund und nahm sich vor, ihn erst wieder zu öffnen, wenn ihm ein wirklich hilfreicher Beitrag in den Sinn kam. So trieben Richard und Steve die Analyse voran.

„Johnson wird kaum selber laufen! Bei seiner Statur wäre ein Sieg schwerlich glaubwürdig. Er hat sicherlich einen Läufer eingeschleust", begann Brunner.

„Das ist nicht so einfach", entgegnete Steve. „Beim Boston Marathon gibt es im Gegensatz zu den meisten anderen Läufen Qualifikationszeiten. Meines Wissens muss ein Läufer eine offiziell bestätigte Zeit aus einem anderen Marathon mitbringen, und diese Zeit darf nicht älter als anderthalb Jahre sein."

„Also hat er sich einen Profi gesucht", vermutete Richard daraufhin.

„Oder einen Amateur, der bereits einen gedopten Lauf hinter sich hat", kam von Rachel zurück.

„Was müsste das für ein Dopingmittel sein …“, ließ Steve seinen Satz im Raum hängen. Eben noch hatten sie über Christophers Substanz und die damit verbundene fast dreihundertprozentige Ausdauersteigerung gesprochen. Vielleicht hatte Johnson die Formel verbessert? Womöglich sogar auf fünfhundert Prozent! „Vielleicht läuft einer der damaligen Probanden für ihn?“

Steve lehnte sich dabei zurück, als wäre ihm eben die Entdeckung des Jahrhunderts gelungen.

„Vermutlich nicht“, entgegnete Rachel trocken. „Und eigentlich müssen wir das auch gar nicht herausfinden. Offensichtlich hat es Johnson auf die Siegprämie abgesehen. Ergo sollte sein Läufer den Marathon dafür auch gewinnen. Und wir müssten nur am Ziel warten. Aber ich sehe da eine andere Schwierigkeit. Womit wir bei den Risiken sind!“

Rachel Parker unterstrich ihre Überleitung, indem sie auf dem Whiteboard die Worte Motivation und Risiken mit einem Pfeil verband.

„Wir müssen Johnson fangen! Er allein kennt die Formel. Sein Erfüllungsgehilfe ist nur wichtig für uns, wenn er uns zu Johnson führt.“

Steve gab sich betont sachlich, als er ergänzte: „Also warten wir am Ziel, kassieren den Sieger, und der bringt uns zu Johnson.“

Rachel musste ihm erneut widersprechen. „Das klingt mir zu einfach! Denken Sie bitte daran, dass wir es mit einem Genie zu tun haben. Johnson wird ausreichend Vorkehrungen getroffen haben, einen Zugriffsplan wie diesen zu durchkreuzen! Sehr wahrscheinlich wird er sich zum Zeitpunkt des Zieleinlaufs nicht mehr in Boston aufhalten. Also sollten wir ihn schnappen, bevor das Rennen vorbei ist! Und wie Sie sich sicherlich erinnern werden, bin ich kein Freund des Wartens …“

In dem Moment klingelte das Telefon. Lynch war mit einem Sprung dort und griff nach dem Hörer. Er hielt ihn kurz ans Ohr, verdeckte dann die Sprechmuschel mit der rechten Hand und flüsterte zu seinen Kollegen: „Es ist Myers!“ Dann hörte er weiter zu, was der Disponent ihm mitzuteilen hatte. Nach einer Weile nickte er, bedankte sich und legte auf.

„Die State Police schickt uns den Heli in fünfzig Minuten rüber. Früher geht es auf keinen Fall.“

Rachel Parker blickte kurz zur Uhr. Mittlerweile war es 10.10 Uhr, und die ersten Läufer hatten längst die West Union Street erreicht.

„Das ist gut, aber nicht gut genug!“, reagierte sie sofort.

„Steve, bitte berichtigen Sie mich, wenn ich falsch liege, aber werden nicht um 11 Uhr die schnellsten Läufer bereits die Hälfte der Strecke absolviert haben?“

Steve Jacobson nickte.

„Wir sollten schnellstens herausfinden, wo sich Johnson aufhält. Und wir brauchen einen Plan B, falls der Heli doch nicht kommt“, fügte Rachel hinzu.

„Warum brauchen wir überhaupt einen Hubschrauber? Wir haben schließlich den Einsatz-Van!“, ließ sich Mike wieder zu einer Frage hinreißen.

Der ‚Van‘ ähnelte in Größe und äußerem Erscheinungsbild eher einem UPS-Transporter als einem Familien-Van, beherbergte im Innern eine mobile Einsatzzentrale und war für fast alle Eventualitäten gerüstet.

Steve konterte sofort. „Wegen des Marathons gibt es weitreichende Absperrungen und Umleitungen. Und uns läuft die Zeit davon! Mit dem Wagen könnten wir zu langsam sein. Also brauchen wir einen Heli!“

Obwohl ihm Steves Antwort einleuchtete, fühlte sich Mike von dessen Ton gemaßregelt. So jedenfalls wollte er das nicht im Raum stehen lassen: „Das ist einleuchtend! Ohne Frage! Aber wenn ich meine Hausaufgaben halbwegs gemacht habe, dann gilt auch für uns die erste Direktive!"

„Dass die Agency sich bei der Ermittlung nicht oder nur im Notfall zu erkennen gibt? Was soll das mit unserem Heli zu tun haben?", fragte Richard diesmal zurück.

„Nun, über der Marathonstrecke hat nur der Hubschrauber von Channel Five Flugrecht. Was würde also geschehen, wenn plötzlich ein zweiter auftaucht?"

„Auf unserem steht weithin sichtbar ‚State Police' und nicht NSA! Schließlich ist nicht der gesamte Flugverkehr über Boston gesperrt. Und außerdem wissen wir noch nicht, ob wir Johnson überhaupt in der Nähe der Laufstrecke suchen müssen ..."

Richard ließ Mike durch seinen Tonfall spüren, dass ihn dessen Fragerei langsam nervte. Endlich griff Rachel Parker ein.

„Das bringt uns nicht weiter! Der Helikopter ist geordert. Bis dahin werden wir uns mit dem Van mobil halten. Mike, Sie holen den Wagen! Richard, Sie schalten alle Telefonate in den Van. Ich will, dass wir uns in einem rollenden Kommandoraum befinden. Ach so, Steve: Sie nehmen bitte Ihre Sporttasche mit. Nur für alle Fälle! Wir treffen uns in fünf Minuten auf dem Hof!"

Fünf lange Sekunden sagte daraufhin niemand ein Wort.

„Was ist noch?", wurde Rachel ungeduldig.

Steve Jacobson räusperte sich.

„Das ist meine ganze Aufgabe? Meine Laufsachen mitzunehmen?"

Ein Blick in die Gesichter ihrer Teammitglieder überzeugte Miss Parker von deren Überraschung. Sie zwinkerte Steve daraufhin zu, ging Richtung Tür und sagte wie nebenbei: „Nicht ganz. Sie haben den wichtigsten Job von allen, Steve. Wenn der Van rollt, will ich, dass wir keine Sekunde auf Channel Five verpassen. Und Sie werden dafür sorgen!“

3

Chris sah sich mit einem alten, immer wiederkehrenden Menschheitsproblem konfrontiert: Die Schwierigkeit hatte niemals darin bestanden, eine Kraft zu entfesseln. Das Problem war immer, sie auch zu beherrschen!

Im Moment war es Brian, der diese Kraft zwar besaß, mit seinem Verhalten jedoch ihren ganzen Plan gefährdete. Das schien ihn allerdings nicht zu interessieren. Genauso wenig wie die Tatsache, dass er genau in diesem Moment über einen historischen Punkt der Bostoner Marathonstrecke lief. Denn in den Jahren 1897 bis 1923 lag die Startlinie, bedingt durch eine andere Streckenführung, zwischen den heutigen Meilensteinen zwei und drei, am westlichen Rand der Gemeinde Ashland. Die schnellsten Läufer des Feldes hatten Hopkinton damit verlassen. Und mittlerweile gehörte Brian Harding zu eben dieser Gruppe.

Nach dem Start war er sofort zur Spitze vorgestürmt, hatte sie alle überholt und sich zehn Meter abgesetzt. Triumphierend hatte er sich zu den Besten der Welt umgeschaut, und Chris musste befürchten, dass der Kumpel seine ganze Ausdauer gleich zu Beginn des Rennens verschleudern würde. Christopher hatte vorher gewusst, dass er einen Start wie diesen nicht würde unterbinden können. Er hatte sich die ganze Zeit nur darauf konzentriert, Brian nach diesem ersten Hochgefühl wieder auf den Boden der Notwendigkeiten zurückzuholen.

„Du hast es ihnen allen gezeigt, Fred! Aber sei jetzt bitte schlau, und lass dich wieder zurückfallen! Lauf einfach nur neben ihnen her, orientiere dich an den Afrikanern."

Statt einer Antwort, die auf einen halbwegs intelligenten Mann schließen lassen würde – der Brian ja normalerweise war – hörte Christopher in seinem Head-Set nur ein krankes

Lachen. Ein paar Sekunden später bewies Brian, dass er zumindest noch seiner Muttersprache mächtig war: „Ich laufe! Ich laufe schneller als alle anderen! Ich bin der schnellste, werde immer schneller, werde …“

„Reiß dich zusammen, verdammt noch mal!“, brüllte Christopher in sein Mikrofon. Warum nur, so fragte er sich, war es ihm, dem Genie, nicht gelungen, eine Euphoriebremse in diese Substanz zu integrieren? Das hier hätte soviel leichter sein können!

„Fred, tu mir den Gefallen und lass dich wieder zurückfallen. Spiel meinetwegen mit deinen Gegnern! Aber verschenk nicht all deine Energie!“

Er versuchte, seinen Appell halbwegs beschwichtigend klingen zu lassen. Ein paar Sekunden blieb die Leitung nahezu still. Chris hörte nur Brians Atemzüge. Dann sah er auf dem mittleren Monitor, dass Brians EKG-Kurve abflachte. Ein Blick auf den rechten Bildschirm bestätigte es: Channel Five zeigte, wie die Nummer 368 langsamer wurde und sich in der Mitte der Spitzengruppe einreihte.

„Spielverderber!“, war Brians einziger Kommentar.

Nahezu gleichzeitig entspannte sich Chris. Und er gestattete sich ein leises Ausatmen. Vielleicht würde ihr Plan doch noch ein erfolgreiches Ende finden!

Ende? Dieses Wort war nicht mehr dasselbe, seit … seit einigen Jahren. Es erinnerte ihn an Helen. An ihren Tod und seinen Verlust. Genau genommen erinnerten ihn unendlich viele Worte an Helen: Gott, Himmel, Glück, Hochzeit, Friedhof … Ende. Mein Gott, wie lange war es jetzt her? Fast vier Jahre! Eine unendlich lange Zeit. Und eine Spanne, die ihren Tribut zu fordern schien. Trotz aller Versuche, sich an jedes Detail ihrer Liebe zu erinnern, begann sein Blick in die Vergangenheit langsam zu verblassen. Es schmerzte ihn, die kleinen Zeichen, Neckereien und ihre gemeinsamen Alltäglichkeiten nach und nach zu vergessen. Sie war für ihn so gegenwärtig wie damals. Doch all das, was sie immer umgeben hatte, begann fortzugehen. Natürlich erinnerte sich Christopher an den Tag, als er sie in San Francisco kennen lernte, an das Café nahe am Hafen und an die konkurrierenden Gerüche von gemahlenen Kaffeebohnen und salzigem Meerwasser. Er sah ihren lachenden Mund, ihre leuchtenden Augen und begann unbewusst zu schmunzeln. Ja, sie waren verschieden! Doch vom ersten Augenblick an herrschte eine magische Anziehung zwischen ihnen. Etwas Unerklärliches und zugleich wunderbar Wahrhaftiges. Sie mochte seinen Wissensdurst, seinen Willen, die Dinge zu verstehen … und sie wie nebenbei zu verbessern! Er wiederum war fasziniert von ihrem Mut, den sie während ihrer Stunts tagtäglich unter Beweis stellte. Zugleich sprach ihn ihre Konzentrationsfähigkeit an, das Können, eine gefährliche Situation durch detailgenaue Planung zu entschärfen. Der Klassiker, ein Sturz aus großer Höhe mit einer mehr oder minder weichen Landung auf Pappkartons, war eines ihrer liebsten Wagnisse. Dicht gefolgt von dem weniger waghalsigem, dafür umso schmerzhafteren Backward-Jerk. Helen trug dafür eine Weste, an deren Rückseite ein starkes Gummiseil befestigt war, das sie ruckartig zurück riss. Dieser Stunt wird verwendet, um die Druckwelle einer Explosion zu simulieren oder den Brusttreffer aus einem Gewehr. Danach durfte Chris immer ihre Schultern massieren, und sie fluchte ein ums andere Mal, wenn ihr trotz genauester Planung doch etwas wehtat. Und wenn er ehrlich war: Irgendetwas tat ihr immer weh! Sie hatte in der Tat einen verrückten Beruf. Und sie war eine verrückte Person! Aber sehr wahrscheinlich war Helen Stuart die einzige Frau auf diesem Planeten, die all seine Sinne angesprochen hatte. Und mit dem Wissen um diese Tatsache verschwand sein Schmunzeln. Dass seine Eltern gestorben waren, hatte er nicht verhindern können. Helens Tod wäre jedoch vermeidbar gewesen!

Christopher Johnson stand auf und ging um den Tisch herum. Gedankenversunken schaute er auf die im Halbdunkel kaum erkennbare Tür und schwankte ein ganz klein wenig hin und her, vor und zurück. Es fühlte sich taub an, dumpf, und war das, was man Trauer nannte. Versunken in seinen Gedanken strich er unbewusst über die Sprengladungen neben der Tür. Das Thermit war kalt – eiskalt! Christophers Gedanken kehrten zurück in die Wirklichkeit. Und aus seiner Trauer erwuchs neue Wut. Auf die Agency, weil sie ihn damals im Stich gelassen hatte und darauf, dass sie ihm das verwehrt hatten, was ihm zugestanden hätte. Was ihm immer noch zustand! Heute nicht weniger als damals! Fast zärtlich streifte er noch einmal die Sprengladung mit den Fingerspitzen. Dann ging er zurück zu seinem Hocker, setzte sich und versuchte, sich wieder auf den Plan zu konzentrieren. Er überflog die drei Bildschirme, fand die Situation jedoch wider Erwarten unverändert vor.

„Fred, du machst das außerordentlich gut. Ich bin stolz auf dich!"

Brian antwortete nicht.

Christopher sah zum Screen hinüber, der die Übertragung von Channel Five zeigte. Die Spitzengruppe war noch komplett. Sechs Kenianer vorneweg. Brian lief neben dem Russen. Hinter ihm war der amtierende amerikanische Marathonmeister Roy Curran. Dann noch der spanische Europameister Alonso Bacha und einige weniger prominente Läufer. Ungefähr zwölf Mann waren in der Gruppe. Das war üblich für diese frühe Phase des Rennens. 10.15 Uhr. Sie kamen zur ersten Getränkeausgabe. Auf der linken Seite der Strecke stand eine Gruppe von Helfern, die den Läufern Pappbecher mit Wasser oder Gatorade reichten. Brian folgte dem Gruppenzwang und nahm sich einen mit Wasser gefüllten Becher. Die Strecke führte immer noch leicht bergab, und der Regen blieb. Zwar schwach, aber beständig. Brian hatte getrunken und warf den zerknüllten Becher an den Straßenrand. Sie waren mitten in der vierten Meile. Mehr als zweiundzwanzig blieben noch zu laufen.

„Fred? Alles okay?", versuchte Chris es nochmals.

Wieder kam keine Antwort.

Denn Brian – alias Fred – war mit seinen Gedanken schon wieder unendlich weit entfernt. Immer noch war er von dem Gefühl berauscht, ihm würde alles gelingen, wenn er es denn versuchen würde … Wenn er es jetzt sofort versuchen würde! Zwar hörte er Chris' Stimme wie die eines kleinen Teufels auf seiner Schulter – mahnend, beschwörend, fordernd. Doch Brian ahnte, dass einzig und allein sein Wille entscheidend war. Und was oder wer sollte ihn davon abhalten, sofort loszustürmen?

„Hey du! Träum nicht!", schrie ihn jemand von hinten an. Brian suchte den passenden Körper zu der Stimme und wurde bei Roy Curran fündig. Offensichtlich war er ihm vor die Füße gelaufen. Brian sah wieder nach vorn und beachtete ihn nicht weiter. Sekunden später war Curran links neben ihm.

„Ich weiß zwar nicht, aus welchem Provinznest du stammst, aber normalerweise entschuldigt man sich, wenn man …"

„Ich muss los!", sagte Brian kurz und erhöhte leicht und locker sein Tempo. Auf dem nassen Asphalt der Union Street war es nahezu unmöglich, allen Pfützen auszuweichen. Mitten in dem andauernden Nieselregen riss Brians Antritt so einige mit Schmutz beladene Tropfen vom Boden hoch, die den verblüfft hinterher schauenden Roy Curran trafen. Abermals lief die Nummer 368 der Spitze davon, doch im

Gegensatz zum ersten Vorstoß folgte ihm diesmal einer der Kenianer. Brian sah zur Seite, und der Afrikaner nickte ihm scheinbar aufmunternd zu. Dazu zeigte er sein wahrscheinlich breitestes Lächeln. Brian indes sah sich unter zwei Gesichtspunkten in seiner Taktik bestätigt: Zum einen schien sein Tempo nicht zu hoch zu sein, sonst hätte ihm niemand folgen können, und außerdem hatte Chris doch gesagt, er solle sich an die Afrikaner halten. Diese Fragmente logischer Überlegungen waren jedoch sofort wieder vergangen, als die Substanz in Brians Körper für ein neuerliches Hochgefühl sorgte.

„Laufen, laufen, laufen", sang er fast vor sich hin und tat es seinen Worten nach. Der Kenianer lief neben ihm her, und die restliche Weltspitze folgte ihnen mit einem Abstand von dreißig Metern. Rund zehn Meter vor ihnen fuhr eine der Motorrad-Cams des Fernsehsenders und lieferte genauso weltexklusive Bilder wie der Kameramann im Hubschrauber direkt über der Union Street. Auf der rechten Straßenseite flog das gelbe Vier-Meilen-Schild auf sie zu. Der Kenianer sah auf seine Uhr am Handgelenk. Gerade wollte Brian es ihm gleich tun, als sich das Teufelchen in seinem Ohr wieder meldete: „Achtzehn Minuten und neunundfünfzig Sekunden, Fred. Du machst das sehr gut bis jetzt!"

Anstelle einer halbwegs sinnvollen Reaktion hörte Christopher in seinem Head-Set nur das vertraute „Laufen, laufen, laufen!"

Hätten Brian und er diese Situation nicht bereits unzählige Male im Training gehabt, Christopher Johnson wäre in Sorge um seinen Kumpel gewesen. So aber wusste er, dass mit dem Freund bis auf diese kleine Unberechenbarkeit eigentlich alles in Ordnung war. Dennoch schmerzte es ihn ein wenig, dass Brian für die Dauer des Laufs nicht er selbst sein durfte. Schlimmer noch! Er, sein ältester und bester Freund, würde ihn fortwährend manipulieren müssen, damit sie überhaupt ihr gemeinsames Ziel erreichten. Also musste Chris ihn ablenken, ihn dazu bringen, ihm zuzuhören, vielleicht sogar ein Gespräch mit ihm zu führen.

„Ich musste gerade an Helen denken", begann Christopher. Zuerst wurde Brian dadurch lediglich in seinem Elan gestört, einen Fuß vor den anderen zu setzen und dies immer wieder mit Eleganz und Tempo zu wiederholen. Dann wurde ihm in einem fernen Winkel seines Bewusstseins klar, dass nun einer von Chris' berüchtigten Monologen folgen würde. Doch zum Glück – zumindest nach Brians derzeitiger Definition davon – widmete er sich längst wieder seiner Lieblingsbeschäftigung, als Christopher fortfuhr: „Helen hätte unser Plan gefallen. Du weißt ja, sie war für jedes Risiko zu haben. Andererseits – wer weiß, ob wir das heute durchziehen müssten, wenn sie noch leben würde? Wahrscheinlich nicht! Wahrscheinlich würden wir uns stattdessen gerade zum Mittagessen verabreden und könnten einen wunderschönen Tag miteinander verbringen. Wir könnten den Ruderern auf dem Charles River zusehen und würden Vanilleeis aus Glaspokalen essen. Das wäre ein tausendmal besserer Plan gewesen als der, den wir gerade durchführen …"

Christopher Johnson sprach einfach weiter und weiter, und Brian hörte ihm nicht oder zumindest kaum zu. Die Konzentrationsfähigkeit von Nummer 368 war ohnehin auf einem kaum zu unterbietenden Niveau angelangt. Brian Hardings ganzes Universum bestand in diesen Minuten aus Straßen und Beinen. Das war alles. Die Beine liefen über den Asphalt, und nichts sprach dafür, dass sich das jemals wieder ändern sollte. Bis sich zwei der Kenianer mit Alonso Bacha im Schlepptau erlaubten, an Brian vorbeizuziehen. Dieser Akt kam einer Majestätsbeleidigung gleich! Seine

Sehnen und Muskeln schienen nur Sekundenbruchteile auf den Impuls zu warten, um die Spitze sofort wieder zurückzuerobern, als Brian plötzlich auf dem Asphalt der Union Street lang hin schlug …

Es geschah genau um 10.17 Uhr und traf ihn gänzlich unvorbereitet. Nur seiner erhöhten Reaktionsfähigkeit verdankte er, dass sein Gesicht nicht als erstes Körperteil auf dem nassen Boden aufschlug. Seine Hände schnellten vor und fingen die größte Wucht des Sturzes ab. Automatisch drehte er die Knie zur Seite, damit der Aufschlag über die ganze Länge seiner Schenkel erfolgen konnte. Chris hatte ihm geraten, sich auch für solche Eventualitäten zu wappnen. Hundertmal hatte Brian das geübt. Ebenso viele Male hatte er Chris deswegen belächelt. Nun kam ihm das Erlernte unwissentlich zugute und bewahrte Brian vor dem schmerzvollen Moment, den Lauf und damit ihren Plan vorzeitig aufgeben zu müssen. Als Brian sich langsam wieder aufrappelte, hatten ihn bereits einige Läufer aus der Verfolgergruppe passiert.

Christopher, der das Drama natürlich über Channel Five verfolgt hatte, war verstummt. Er hatte erwartet, dass Brian aufspringen und sich sofort wieder auf die Jagd begeben würde. Umso erstaunter war er, dass Brian sich langsam erhob, den Kopf zum Himmel richtete und sekundenlang den Regen auf sein Gesicht fallen ließ.

Ohne Chris' Monolog im Ohr war Brian für die Dauer dieses Schocks fast wieder bei vollem Verstand. Hörte er da nicht Roy Currans Lachen in seinem Gedächtnis nachhallen, als er bereits gefallen war? Hatten sich die Spitzenläufer gar verbündet, um ihn zu demütigen? War der Vorstoß der zwei Kenianer und des Spaniers die Ablenkung, die es seinem Landsmann erlaubt hatte, ihn von den Beinen zu holen? Brian senkte seinen Blick wieder und sah seine Hände an. Die Laufhandschuhe hatten seine Hände davor bewahrt, eine blutige Spur auf dem Asphalt zu hinterlassen. Allerdings waren sie dermaßen in Mitleidenschaft gezogen, dass sie weder als Wärmeschutz noch bei einem weiteren Sturz als erneutes Polster dienen konnten. Ohne Eile streifte Brian die nutzlosen Helfer ab und warf sie achtlos zur Seite. Dabei begann er wieder zu laufen. Erst langsam, dann nahm er die Geschwindigkeit der ihn überholenden Läufer an und schließlich erhöhte er seine Schrittfrequenz weiter. Ohne Mühe zog er nach und nach an all jenen vorüber, die ihn zuvor kaum beachtet hatten, die einfach nur einen Konkurrenten links liegen gelassen hatten. Doch Brian war wieder da! Er lief den Führenden hinterher, doch er stürmte ihnen nicht nach.

Chris hatte bemerkt, dass er nicht eingreifen musste. Brians Körperwerte waren alle im normalen Bereich. Zwar lief er überaus zügig, doch verschenkte er nicht ein einziges Molekül der wertvollen Substanz in seinem Blut.

Channel Five hatte die ganze Zeit mit einer Kamera auf Brian gehalten. Chris sah seinen Kumpel übergroß auf dem rechten Bildschirm seiner dunklen Zuflucht und konnte Brians Mimik detailgenau erkennen und deuten. Er erkannte, wer sein mächtiger Verbündeter im Kampf gegen Brians zeitweilige Kopflosigkeit war. Es war kalter Zorn, der in Brians Augen stand, als der sich aufmachte, die Dinge in diesem Rennen wieder gerade zu rücken.

Offensichtlich gab es Gefühle, die die Euphorie bremsen, wenn nicht gar unterdrücken konnten. Die Wut schien dies zu bewirken, Brians Wut auf die Ungerechtigkeit, die ihm mit voller Absicht angetan worden war. Während die Sehnsucht nach Vergeltung die Nummer 368 antrieb, wieder nach vorne zu laufen, stellte sich auf Christopher Johnsons Gesicht ein wissendes Lächeln ein. Das Genie hatte geahnt, dass es Möglichkeiten gab, die Euphoriewelle, die durch sein Dopingmittel ausgelöst wurde, einzudämmen. Dieser Vorfall bestätigte seine Vermutung. Und es bestärkte ihn zugleich in der Annahme, dass der Plan an diesem Tag aufgehen würde.

Das Angenehme an der Union Street war, dass sie über ihre gesamte Länge in Richtung Boston abfiel. Die ersten Meilen des Laufs empfanden die meisten Teilnehmer so ähnlich wie einen steten Rückenwind. Das war eine willkommene Erleichterung, denn an dieser Stelle des Rennens säumten nur wenige Zuschauer die Strecke. Die lautstarke Unterstützung würde erst auf Höhe Wellesley und am Heartbreak Hill einsetzen. Das Wellesley College befand sich auf der Hälfte der Strecke und lag somit noch rund acht Meilen entfernt.

Brian nahm derweil zwei Dinge wahr: Zum einen war es der triste Anblick, den diese Straße bot. Sie führte nahezu gerade in Richtung Ziel, bevor sie nach der fünften Meile durch die deutlich kurvigere Waverly Street abgelöst werden würde. Hier waren die Häuser selten höher als zwei Stockwerke, und der Asphalt war nicht der Beste. Zwar diente der Weg von Hopkinton nach Boston den Teilnehmern aus aller Welt als Laufuntergrund, und die Boston Athletic Association wusste nur zu genau um die Pflichten eines guten Ausrichters. Doch so feinsäuberlich jedes einzelne Loch auch ausgebessert worden war, das fortwährende Flickmuster ließ die Aufmerksamen unter den Läufern erahnen, wie hart die Winter in Neu-England sein konnten.

Die zweite Tatsache, die Brian auffiel, bestand in der Erkenntnis, dass die Droge ihn zu einer willenlosen Marionette verkommen ließ. Diese Einsicht war alles andere als neu, doch stellte sich der Zustand vollkommener Klarheit meist erst nach dem Rennen oder der Trainingseinheit ein. Dies jetzt zu erleben war ein Novum. Und es bereitete Brian für einige Sekunden Angst. Würde die Ausdauer jetzt verfliegen? War Chris ein Fehler bei der Dosierung der Droge unterlaufen? Er lauschte in seinen Körper, versuchte jeden Herzschlag, jede Muskelspannung zu deuten – ja, geradezu zu sezieren. Doch nichts deutete darauf hin, dass Brian Harding diesen Lauf nicht gewinnen würde. Eine zaghafte Zuversicht stellte sich ein, blieb eine kleine Weile, um dann der absoluten Sicherheit Platz zu machen, dass seine besondere Fähigkeit weiterhin vollständig erhalten war. Er genoss jeden gelaufenen Meter, winkte den wenigen Schaulustigen zu und fiel in seinen alten Laufrhythmus zurück. Es war so leicht! Schritt für Schritt lief er zwischen den flachen Häusern der Union Street entlang. Ihre farbarmen Fassaden und die wenigen großformatigen Werbeflächen bildeten das Muster des gedanklichen Tunnels, in den Brian wieder eingetaucht war. Die Spitzengruppe war nur noch wenige Meter entfernt, und seine Euphorie ergriff erneut Besitz von ihm. Wie ein böser Geist trieb sie den Läufer Nummer 368 voran, den Feinden hinterher und Boston entgegen.

„Laufen, laufen, laufen“, kam leise aus Brians Mund, der sich wieder vollständig in Fred Longer verwandelt hatte. Und die Feinde waren nicht mehr länger Feinde und der Sturz aus seiner Erinnerung getilgt. Längst hatte er jeglichen vormals gehegten Gedanken an Rache vergessen. Er wollte nur schneller sein als die anderen, und er wusste irgendwo zwischen seinen verqueren Gedanken, dass er das auch schaffen würde.

Als die Union Street sich in die Waverly und die East Union teilte, hatte er die Spitzengruppe wieder eingeholt. Es war 10.24 Uhr. Zum ersten Mal an diesem Morgen riss die Wolkendecke auf und erlaubte einigen Sonnenstrahlen, den Boden Neu-Englands zumindest ansatzweise vom Regen zu trocknen. Leider blieb es ein kurzes Intermezzo. Einige graue Wolken schienen nur darauf gewartet zu haben und schoben sich in die entstandene Lücke. Die Sonne verschwand wieder. Der Regen blieb. Genau wie Fred Longer, der seinen Bein stellenden Landsmann erneut passierte und sich wieder hinter den Kenianern einreihte.

„Orientiere dich an den Afrikanern!", hatte Chris gesagt.

Die reagierten schnell. Zwar blieben die Favoriten Roger Koskai und Samuel Endraba von Brians Rückkehr in die Spitzengruppe äußerlich unberührt, doch nachdem die beiden Läufer vom schwarzen Kontinent einige unverständliche Worte gewechselt hatten, erhöhten zwei ihrer vier kenianischen Landsleute das Tempo und setzten sich ab. Brian konnte natürlich nicht anders, als ihnen zu folgen. Die kleine Tempoverschärfung brachte der dreiköpfigen Gruppe sofort einige Meter Vorsprung, doch offensichtlich wollten die beiden dunkelhäutigen Läufer es nicht dabei belassen und wurden noch schneller. Nummer 368 folgte ihnen, ohne auch nur ein Anzeichen von Leistungsverlust.

„Sehen Sie das, meine Damen und Herren? Eben schien es noch wie ein Wunder, dass die Nummer 368 in solch kurzer Zeit wieder Anschluss an die Spitze gefunden hatte. Selbst Roy Curran, die Nummer 16, schüttelt ungläubig den Kopf. Er scheint genauso wenig wie wir in der Redaktion von Channel Five zu verstehen, was die Nummer 368 mit ihren fortwährenden Vorstößen für ein Ziel verfolgt. Der bislang unbekannte Läufer Fred Longer wird sich so aller Voraussicht nach seiner Möglichkeiten berauben, hier ein gutes Ergebnis zu erzielen."

„Amateur!", kommentierte Chris die kleine Ansprache des Fernsehmoderators. Scott McNeal von Channel Five schien nicht zu begreifen, was eben geschehen war! Die Kenianer hatten Brian als Bedrohung erkannt und begannen nun, ihn abwechselnd zu Vorstößen zu ermuntern. Die beiden, die eben das Tempo erhöht hatten, würden sich bald wieder zurückfallen lassen. Danach werden die anderen zwei als Hasen engagierten Läufer ihrerseits einen Vorstoß wagen, und sie konnten fast sicher sein, dass die Nummer 368 sich wieder an ihre Fersen heften würde. Leider, so erkannte Christopher, konnten sie damit Erfolg haben. Er musste wieder auf Brian einreden, er musste ihn dazu bringen, nicht jeden Vorstoß mitzugehen.

„Kumpel, lass dich wieder von der anderen Gruppe einholen! Die spielen nur mit dir! Dabei wolltest du doch mit ihnen spielen! Oder habe ich dich da falsch verstanden?"

Chris war nur mäßig überrascht, von Brian keine sofortige Antwort zu erhalten.

„Hey, Kumpel, sprich mit mir!"

Sein Kumpel tat nichts dergleichen. Stattdessen begann er, den Windschatten der beiden Kenianer zu verlassen und in einer langen Schräge auf die andere Straßenseite zu wechseln. Dabei wurde er noch schneller und übernahm so wieder allein die Spitzenposition.

„Fred! Du verdammter Idiot! Komm von deinem Ego-Trip wieder runter! Wenn du nicht auf mich hören willst – gut! Aber dann flenn nachher nicht rum, wenn sie dich wieder alle überholen und du keine Power mehr hast, um sie abzuwehren!"

Sekundenlang lauschte Christopher Johnson auf die Geräusche, die aus seinem Head-Set kamen. Es waren nur die Atemzüge seines Partners. Hilflos sah Chris auf dem rechten Monitor den Führenden sein einsames Rennen laufen. Die EKG-Kurven waren nur leicht erhöht, aber das war die einzige gute Nachricht.

„Laufen, laufen, laufen", kam wie ein Mantra über Brians Lippen.

Chris musste erkennen, dass er seinen Kumpel wieder verloren hatte. In seiner Not blickte er sofort auf die Anzeigen der aktualisierten Trendrechnung. Wenn Brian mit diesem Tempo weiterlaufen würde, wäre er nach einer Stunde und achtundfünfzig Minuten im Ziel. Aber nur rein rechnerisch, denn die Substanz hätte er bereits nach einer Stunde und fünfundvierzig Minuten verbraucht. Eine Lücke von dreizehn Minuten! Das war viel zu schnell! Warum sah Brian nicht auf seine Uhr am Handgelenk? Dort würde er genau die gleiche Gegenüberstellung vorfinden! Die Uhr war Chris' Meisterstück. Wenn man bei der Vielzahl seiner genialen Erfindungen überhaupt von *einem* Meisterstück sprechen konnte! Sender, Empfänger und einen Miniaturcomputer zur Auswertung der biometrischen Daten von den Dioden an Brians Körper in dem gering bemessenen Raum einer Sportuhr zu platzieren, war eine Kunst! Nur nutzte dieses kleine Wunderwerk an Brians Handgelenk leider herzlich wenig, wenn sein Partner nicht auf die Informationen der Digitalanzeige schaute! Christopher fuhr sich mit den Fingern über seine Augenbrauen. Daumen und Zeigefinger seiner rechten Hand trafen sich dabei über der Nasenwurzel und öffneten sich langsam wie die beiden Schenkel einer Schere. So fuhren der Zeigefinger über die linke und der Daumen über die rechte Augenbraue und beruhigten mit sanftem Druck Chris' zuweilen hitziges Temperament. Es half – ein wenig!

Genervt blickte er auf den rechten Bildschirm.

Natürlich hatten sich die beiden Kenianer zurückfallen lassen. Sie hatten ihr Ziel erreicht.

Verdammt noch mal, dachte Chris. Er hatte so viel in diesen Tag investiert! Klar, er tat das hier auch für sich! Doch zu allererst tat er es für Helen! Zwei Jahre Vorbereitung! Er hatte Brian trainiert, hatte die Substanz verbessert, ein technisches Wunderwerk an Brians Handgelenk gezaubert – nicht zu vergessen die vermeintlichen Piercings –, und er hatte diesen genialen Plan entworfen! Warum musste sein Kumpel alles zunichte machen? Chris sprang auf, wütend, ungehalten, erbost! Um ein Haar hätte er nach irgendetwas in seinem Schlupfloch getreten …

Als ihm klar wurde, dass das die Lösung seines momentanen Problems war! Es musste ihm nur gelingen, Brian wieder wütend zu machen! Er hielt sein Head-Set fest, presste es dabei ans Ohr und sprach deutlich und eindringlich.

„Fred? Hast du etwa schon vergessen, dass die Nummer 16 dir vorhin ein Bein gestellt hat? Die anderen hassen dich! Sie verabscheuen alle Läufer, die nicht wie sie sind. Sie nehmen dich nicht ernst! Hinter deinem Rücken verhöhnen sie dich! Aber das musst du dir nicht gefallen lassen! Du kannst es ihnen heimzahlen!“

Christopher Johnson blickte zum TV-Bild und sah, wie die Nummer 368 langsamer wurde. Die Regie von Channel Five nahm das sofort zum Anlass, um eine Vergrößerung von Brians Gesicht zu zeigen.

Sollte der Läufer seinem hohen Tempo Tribut zollen müssen? Würden sich auf dem Asphalt nach Boston wahre Dramen abspielen? Nichts ließ sich besser vermarkten als menschliche Schicksale. Nur das interessierte die Menschen an den Bildschirmen. Große Verlierer ließen sich ebenso gut verkaufen wie wahre Helden. Und nichts war spannender als das Gesicht der Person im Moment des Sieges – oder der persönlichen Niederlage!

Chris kam diese Sensationslüsternheit zupass. In der Großaufnahme konnte er alles erkennen, was Fred Longer von Brian Harding unterschied: Die Schirmmütze saß tief auf der blonden Kurzhaarperücke, dennoch konnte man die vermeintlich blauen Augen deutlich erkennen. Die Membranen verdeckten perfekt die Piercings in Ohr und Nase. Der blonde Schnurrbart verfremdete Brians Gesicht endgültig – nicht einmal sein Vater hätte ihn in diesem Moment erkannt.

Doch die Großaufnahme zeigte Chris vor allen Dingen Brians Entschlossenheit, als er ihm antwortete: „Wie? Wie kann ich es ihnen heimzahlen?“

4

„Steve, Sie sind doch sportlich interessiert! Welcher der Läufer hält sich für Sie überraschend in der Spitzengruppe auf?“, verlangte Rachel zu wissen.

„Keine Frage, die Nummer 368. Nach einem Sturz wie diesem wäre kaum ein Läufer zurück an die Spitze gestürmt. Zumindest nicht mit solcher Bravour!“

„In dem Fall sind wir uns also ausnahmsweise einmal einig! Fragt sich nur, wie uns dieses Wissen …“, ließ Miss Parker ihren Satz unbeendet. Etwas an der Übertragung von Channel Five beanspruchte ihre völlige Aufmerksamkeit. Steve und Mike sahen ebenfalls zum Bildschirm, ohne jedoch den Grund für ihr Interesse erspähen zu können.

„Stopp! Spulen Sie das Band noch mal zurück!“, befahl sie Mike.

„Äh, sorry, Miss Parker, das ist eine digitale Aufzeichnung. Da müssen wir nicht spulen.“

„Mike, Sie machen mich wahnsinnig! Fahren Sie die Aufzeichnung zurück, und seien Sie still!“

Offensichtlich ließ Mike Lynch keinen Fettnapf aus. Richard, der am Steuer des Vans saß, musste schmunzeln. Zumindest konnte er seinen Mund so weit verziehen, wie es die Zigarette zwischen seinen Lippen zuließ. Richard hatte einmal an die alte Mär vom schlanken Raucher geglaubt. Und nicht bemerkt, wie ihn dieser Irrglaube immer weiter in die Abhängigkeit getrieben hatte. Vielleicht war es sogar jene fälschliche Annahme, die ihm selbst als Ausrede diente, um weiter rauchen zu dürfen und alle gut gemeinten Ratschläge von Freunden und Familie in den Wind zu schlagen. Es aß zu viel, er rauchte zu viel. Aber er lebte!

Hinten, im Font des Wagens – oder vielmehr der rollenden Festung – saßen Rachel Parker, Mike Lynch und Steve

Jacobson und folgten den eben noch aufgezeichneten Fernsehbildern von Channel Five. Miss Parker hatte etwas auf den Bildern gesehen, was den anderen offenbar entgangen war.

„Da! Lassen Sie es wieder vorwärts laufen!“

Mike folgte dem Befehl seiner Vorgesetzten und drückte erneut auf Play. Sie alle drei sahen einen führenden, langsamer werdenden Läufer, der irgendwie in Gedanken versunken schien und dazu die Lippen bewegte.

„Singt der etwa?“, fragte Steve.

„Möglich – aber eher unwahrscheinlich.“

Rachel Parker verengte die Augen zu schmalen Schlitzen, als könne sie auf diese Weise mehr erkennen.

„Mike, wie lautet Ihre Differentialanalyse?“

Lynch räusperte sich, versuchte Zeit zu gewinnen. Rachel sah mit einem kurzen Seitenblick, wie seine Wangen rot anliefen.

„Äh – ich glaube, er spricht … “

„Mit wem?“, hakte Miss Parker gnadenlos nach.

Als guter Schüler wusste Mike Lynch immer genau, was die Lehrerin hören wollte. Nur war dies hier nicht mehr Teil seiner Ausbildung.

„Wahrscheinlich mit Johnson?“, antwortete er unsicher. Es klang so, als wäre er kein bisschen vom Inhalt seiner Worte überzeugt. Und seine ‚Lehrerin‘ war genauso wenig mit seiner Erwiderung zufrieden.

„Keine Vermutungen, Mike! Wie kommen Sie darauf, dass er ausgerechnet mit Johnson sprechen könnte?“

Doch Mike zuckte als Eingeständnis seiner Unwissenheit nur mit den Schultern. Steve wollte sofort einspringen, doch Miss Parker unterdrückte den bevorstehenden Einwurf mit einer knappen Geste. Lynchs kleine Feuerprobe war noch nicht vorüber.

„Wissen Sie, was ein JP-7 ist?“

Mikes Antwort kam, kaum dass Rachel ihre Frage zu Ende gesprochen hatte.

„Das JP-7 ist eine Sender-Empfänger-Einheit mit einer Reichweite von sieben Meilen."

„Gut aufgesagt, Mike. Und wofür steht das JP?"

„Für Johnson-Phone, Miss Parker, … "

Mike Lynch ließ seinen Satz ohne jegliche Betonung ausklingen. Und Steve und Rachel sahen das sprichwörtliche Licht über Mikes Kopf aufleuchten.

„Johnsons Entwicklung ist mittlerweile fünf Jahre alt. Es könnte durchaus sein, dass aus dem JP-7 ein JP-10 geworden ist", ergänzte Rachel.

„Vielleicht sogar ein JP-13", fügte Richard von vorne hinzu und ließ sofort ein „Festhalten!" folgen. Kaum hatte er das ausgesprochen, steuerte er den Van in eine scharfe Linkskurve. Zwar hatte der Regen über Boston etwas nachgelassen, doch noch immer lag ein feiner Wasserfilm auf den Straßen. Im Scheitelpunkt der Kurve brach das Heck aus, und der Wagen kam ins Rutschen. Offensichtlich war Richard Brunner die Richtungsänderung zu offensiv angegangen. Mit eiligem Gegenlenken brachte er den Wagen jedoch wieder unter Kontrolle.

„Nicht so hastig!", forderte Steve daraufhin.

„Du machst deinen Job, ich meinen!", konterte Richard leicht genervt und nahm einen tiefen Zug von seiner Pall Mall.

„Wo fahren wir eigentlich hin?", fragte Mike dazwischen und trennte die verbalen Widersacher dadurch nicht ganz ungewollt. Rachel Parker stand daraufhin auf und ging durch den schmalen Gang nach vorn. Richard griff wortlos in die Seitentasche der Fahrertür und reichte Rachel einen Umgebungsplan von Boston.

„Das ist eine gute Frage", begann Miss Parker, als sie sich wieder umdrehte, zugleich aber bei Richard stehen blieb. Da der hintere Raum des Vans durch die Bildschirme kaum erleuchtet wurde, konnten Mike und Steve nur die Silhouette ihrer Vorgesetzen im Gegenlicht der Fahrerkabine erkennen. Das durch die Frontscheibe einfallende Licht hüllte sie, gemischt mit dem Rauch von Richards Zigarette, in eine Korona. Für Mike und Steve war es unmöglich, ihre Gesichtszüge zu erkennen, als sie fortfuhr: „Überraschen Sie mich, Mike, indem Sie mir durch rein logische Überlegung die Antwort auf Ihre eigene Frage präsentieren!"

Der Angesprochene schluckte kurz. Er war der Rookie – der Neuling – dieser kleinen Einheit. Aber er hatte es nicht ohne Grund überhaupt hierher geschafft! Miss Parker hätte ihn nicht genau auf diese Weise gefragt, wenn ihm nicht alle Hinweise zur Lösung des Problems bereits zur Verfügung stünden. Ergo musste er sich fragen, was sie bereits getan oder gesagt hatten, was mit dem Ziel ihres Einsatzes in Verbindung stehen könnte! Also begann er zu überlegen. Der Zielort würde sich sehr wahrscheinlich in der Nähe der Marathonstrecke befinden. Wie aber konnte er diese sechsundzwanzig Meilen weiter eingrenzen? Natürlich! Richard Brunner hatte vorhin eingeworfen, dass es ein JP-13 geben könnte. Ein Johnson-Phone mit einer Reichweite von dreizehn Meilen sollte sich genau in der Mitte der Strecke befinden, wollte es eine Kommunikation mit dem Läufer über die gesamte Strecke gewährleisten. Selbst wenn ein neueres JP eine größere Reichweite besäße, wäre die Mitte immer noch der strategisch günstigste Punkt. Es war so einfach!

„Wir müssen zum Mittelpunkt der Laufstrecke", sagte Mike nicht ohne Stolz.

„Sehr gut!", lobte Rachel ihn, nur um ihm sofort die nächste Aufgabe zu übertragen. „Rufen Sie Myers an! Er soll den Heli der State Police dorthin beordern."

Lynch wollte sofort zum Hörer greifen, als ihm einfiel, dass ihm eine wesentliche Information fehlte, um diesem Befehl Folge zu leisten.

„Was befindet sich an Meilenstein Dreizehn?"

Endlich durfte Steve sein Wissen einbringen: „Kurz hinter Meilenstein Zwölf beginnt das Gelände des Wellesley-College und grenzt auf der Länge von einer Meile an die Strecke. Das College ist eine altehrwürdige Frauen-Bildungsstätte und zugleich berühmt-berüchtigt für den Screech-Tunnel!"

„Den was?"

Mike bemerkte, dass er über Boston noch eine Menge zu lernen hatte. Steve sah derweil fragend zu seiner Chefin.

„Fassen Sie sich kurz", bewilligte sie ihm eine weitere Erläuterung.

„Die Studentinnen des College stehen zur rechten Seite der Strecke und feuern die Läufer laut kreischend an … Und es sind viele Studentinnen!"

Dabei zwinkerte er Mike zu.

„Okay, das reicht. Mike, rufen Sie Myers an!"

Rachel musste wieder das Zepter in die Hand nehmen und die Dinge vorantreiben. Anderenfalls drohte Steve sich in seinen Schlaumeiereien zu verlieren. Lynch gab den Befehl weiter, den Heli nach Wellesley zu schicken, und Rachel wandte sich erneut an Jacobson.

„Nummer 368 spricht, also …"

„… also scanne ich längst alle Frequenzen, um seinen Gesprächspartner zu finden, damit wir uns heimlich einklinken können."

Miss Parker schürzte die Lippen, als sie Steve ihre Bewunderung aussprach.

„Sie können einen manchmal zur Weißglut bringen, aber Sie denken mit! Und das ist, was zählt!"

Sie wusste natürlich, dass jegliche Art von Lob nur erneutes Wasser auf Steves Mühlen der Selbstsicherheit gießen würde, aber ein wenig Motivation würde ihn noch zielstrebiger, noch interessierter, noch energischer machen. Und das war genau das, was sie heute von ihm wollte!

Die Uhr zeigte mittlerweile 10.30 Uhr. Es regnete weiterhin, doch dessen ungeachtet schickten sich die ersten Läufer an, den Ortsbereich von Framington zu verlassen. Auf Framington folgte Natick, und in Natick wechselte der Straßenname von der Waverly zur West Central Street. Sie waren bereits auf der siebten Meile, und die Gruppe um Miss Parker hatte nur eine ungefähre Vorstellung, wo sich Christopher Johnson aufhalten könnte. Aber Rachel wusste, dass sie einen Schritt weiter wären, wenn sie erst die Frequenz gefunden hätten, auf der sich Longer und Johnson unterhielten. Ihren fragenden Blick quittierte Jacobson, der mittlerweile Kopfhörer trug und die vom Computer vorselektierten Frequenzen durchsuchte, mit einem Kopfschütteln. Mike Lynch war clever genug gewesen, sich Johnsons Akte aufzurufen und sie jetzt durchzuarbeiten. Um Richard brauchte sie sich nicht zu kümmern. Er saß vorne, qualmte eine nach der anderen und fuhr sie Richtung Wellesley. Von Zeit zu Zeit öffnete er das Fenster auf der Fahrerseite, um den Rauch hinaus und frische Luft hinein zu lassen. Rachel setzte sich vor den Bildschirm, auf dem die Live-Bilder von Channel Five zu sehen waren und stellte den Ton etwas lauter.

„... erst schien es, als würden die Kenianer ihre zahlenmäßige Überlegenheit auch in einen taktischen Vorteil ummünzen können, doch inzwischen scheint sich das Blatt wieder gewendet zu haben. Fred Longer, jener bislang unbekannte Läufer mit der Nummer 368, liegt weiterhin einsam in Führung. Die Verfolgergruppe ist zwanzig Meter hinter ihm, und das

wird sich nach seinem Willen bis ins Ziel nicht mehr ändern. Scheinbar besitzt dieser Longer die Fähigkeit, Angriffe auf seine Spitzenposition zu erahnen. Immer, wenn einer der Verfolger einen Versuch unternimmt, dichter an ihn heranzulaufen, erhöht auch Nummer 368 das Tempo und hält den Vorsprung fast auf den Meter genau. Es ist beinahe so, als habe er auch am Hinterkopf Augen! Aber in der Verfolgergruppe sind die Besten der Besten, meine Damen und Herren, und es würde mich sehr wundern, wenn sich hier nicht noch etwas an der Reihenfolge ändern sollte. Und tatsächlich! Wieder versucht es einer aus der Verfolgergruppe. Diesmal wagt der Russe Oleg Zarinow mit der Nummer 12 einen Vorstoß, und fast gleichzeitig, und ohne sich dabei umzudrehen, erhöht auch Longer das Tempo …"

„… es kommt wieder einer, du musst nur etwas schneller werden. Ja, das machst du gut, Fred!"

Jacobson hatte die von ihm gefundene Frequenz auf die Lautsprecher geschaltet, und sowohl Rachel als auch Mike hatten ihr Augenmerk sofort auf Steve gerichtet.

„Die Stimme kommt uns doch bekannt vor, oder?", sonnte sich Jacobson in seinem Erfolg.

„Schneiden Sie alles mit! Ich will keine Silbe verpassen! Können Sie die Quelle lokalisieren?", fragte Parker umgehend.

„Nur ungefähr. Auf jeden Fall lagen wir mit Wellesley richtig."

„Was brauchen Sie für eine genauere Bestimmung?"

„Zugriff auf die Satelliten!"

Die Agency unterhielt elf Beobachtungssatelliten in erdnahen Umlaufbahnen. Das genügte, um selbst die abgeschiedensten Winkel auf diesem Planeten mindestens drei Mal pro Tag in Augenschein zu nehmen. Mit Sicherheit wäre die Unterstützung aus dem Weltall hilfreich gewesen. Doch Miss Parkers Mundwinkel folgten augenblicklich dem Gesetz der Schwerkraft.

„Bis wir dafür die Erlaubnis bekommen, ist der Lauf vorüber und Johnson auf und davon. Können Sie es genauer eingrenzen, wenn wir uns weiter der Quelle des Signals nähern?"

„Natürlich. Aber dafür müssten wir schon so dicht dran sein, dass wir quasi darüber stolpern."

„Geht das etwas präziser?"

Jacobson wiegte den Kopf hin und her, als wollte er sich nicht festlegen lassen.

„Steve!"

„Auf dreihundert Meter … Vielleicht."

Rachel atmete deutlich hörbar auf. „Ich hatte schon befürchtet, dass Sie mir mit zehn Metern kommen. Mit dreihundert kann ich gut leben! Wir gehen wie folgt vor … "

Sie zog aus dem linken Serverregal eine Tischplatte heraus und breitete den Umgebungsplan, den sie die ganze Zeit über bei sich trug, auf dem Tisch aus.

„… wir starten bei der genauen Mitte der Laufstrecke und arbeiten uns in immer größer werdenden Radien nach außen."

„Wir werden die Central und die Washington Street nicht überqueren können", gab Mike mit Hinweis auf die abgesperrte Laufstrecke zu bedenken, während er den Plan genau studierte.

„Das werden wir auch nicht müssen!", konterte Miss Parker.

„Die Nordseite besteht fast nur aus Eigenheimsiedlungen. Sicherlich wäre dort ein idealer Platz für ein Versteck. Aber das wäre nicht Johnsons Stil. Er wird etwas bevorzugen, was nicht so offensichtlich ist."

Steve stand auf und ging nach vorn zu Richard. An Miss Parker gerichtet sagte er jedoch: „Und was, wenn unser Genie vorhergesehen hat, dass Sie das annehmen würden?"

„Guter Einwand, Steve! Sie überprüfen die Hauskäufe oder Vermietungen der letzten zwei Monate in einem Umkreis von drei Meilen zum Streckenmittelpunkt."

Steve nickte, ging nach vorn und hockte sich direkt hinter der Fahrerkabine vor einen der Serverschränke.

„Geht klar! Ich muss hier nur noch kurz etwas überprüfen."

Dabei öffnete er eines der unteren Fächer und rumorte darin herum. Tatsächlich aber flüsterte er in Richards Rücken: „Das kommt mir komisch vor! Was meinst du? Hätte sie für Johnson nicht die Satelliten-Freigabe bekommen?"

Richard nahm seine Zigarette für die Dauer seiner ebenfalls geflüsterten Antwort aus dem Mund.

„Gut möglich. Aber ich glaube, sie will das hier ohne Unterstützung der Zentrale durchziehen. Wenn sie Johnson alleine kriegt, dann wird sie nach Fort Meade gelobt. Wenn sie jedoch jetzt um Hilfe ruft, dann erntet irgendein anderer die Lorbeeren."

Steve nickte. Das klang logisch. Sie besaß am heutigen Tag die alleinige Entscheidungsgewalt und musste keinen Bart Lucas um Erlaubnis fragen. Doch es ärgerte ihn, dass er in Miss Parkers Plan nur als Erfüllungsgehilfe vorgesehen war.

„Steve?"

Seine Vorgesetzte erinnerte ihn an seinen Job.

„Bin schon dran!"

Damit erhob er sich, klopfte Richard auf die Schulter und setzte sich wieder an einen der Computer im hinteren Teil. Das Definieren der Abfrage kostete ihn dreißig Sekunden. Der Zentralcomputer benötigte eine weitere Sekunde, um die Ergebnisse aufzulisten. Derweil versuchte Rachel immer noch, mit Mike gemeinsam die infrage kommenden Objekte auf der Südseite zu markieren.

„Miss Parker?“, klinkte sich Steve in ihr Gespräch.

Sie drehte sich auf ihrem Stuhl und schenkte ihm ihre volle Aufmerksamkeit.

„Vierundzwanzig Hausverkäufe, elf Vermietungen“, sagte Steve.

„Mehr als ich erwartet hatte. Irgendwelche Auffälligkeiten?“

„Eigentlich nur eine: Ein Loft in einem Industriekomplex direkt an der Central Street. Es wurde vor drei Wochen für nur einen Monat angemietet – von einem Roger Smith.“

„Wow! Wenn das Johnson wäre, dann wäre das wohl seine Art, darum zu betteln, geschnappt zu werden“, kombinierte Rachel.

„Sie glauben, das ist ein Zufall?“

„Ich glaube grundsätzlich nicht an Zufälle! Möglicherweise wurde das Loft tatsächlich von Johnson gemietet. Aber wir werden ihn dort mit Sicherheit nicht finden!“

„Sie meinen, das ist ein rosa Elefant?“, versuchte sich Steve im Geheimdienstjargon.

„Und wahrscheinlich nur einer von vielen! Er setzt uns diese Offensichtlichkeiten nur vor die Nase, damit wir Zeit verlieren. Und das würden wir, wenn wir alle Eventualitäten überprüften“, sagte Miss Parker.

„Was wir aber nicht tun?“, sprach Steve seine Vermutung aus.

„Genau! Stattdessen verlassen wir uns auf unsere Erfahrung und Intuition.“

Jacobson fragte sich im Stillen, welche Art von Erfahrung ihnen hier wohl weiterhelfen würde, als Mike sich wieder einbrachte. Er hatte wohl erkannt, dass er Gefahr lief, zum

Statisten zu verkommen, wenn er nicht endlich einen Weg fände, sich nützlich zu machen.

„Wir können, glaube ich, davon ausgehen, dass Johnson einen Platz benötigt, der ihm eine gewisse Infrastruktur bietet, nicht leicht zu finden ist und außerdem nicht zur Todesfalle werden kann."

Für einen Moment drohte ihn die alte Unsicherheit wieder einzuholen, doch Miss Parker gab ihm ein Zeichen, fortzufahren.

„Johnson mag ein Genie sein, doch in seiner Akte wird außerdem aufgeführt, dass er ein massives Ego-Problem hat. Er wähnt sich stets überlegen, und so wird er auch bei der Wahl seines Verstecks die Annahme zugrunde legen, dass wir die möglichen Schlupfwinkel nach normalen Kriterien eingrenzen würden."

Steve sah wohl seinen Status als Schlaumeier der Nation gefährdet und warf ein, dass ein Genie auch diese Überlegung vorausgesehen haben könnte.

Mike nickte, und zum ersten Mal zeigte er so etwas wie Rückgrad, als er erwiderte, dass ein Genie sicherlich auch diese Zweifel vorhersehen würde.

„Dessen ungeachtet glaube ich, Johnson wird sich irgendwo versteckt halten, wo er in der Menge vieler Menschen verborgen ist. Zugleich muss es ein isolierter Ort sein, ohne die Gefahr zufälliger Störungen", ergänzte Mike.

Jacobson schien ebenso wie ihre Zielperson nicht ganz frei von Ego-Problemen zu sein, denn über seine Brille hinweg schaute er den kalifornischen Neuzugang skeptisch an und fragte in herablassendem Tonfall: „Und wo bitte sollen wir einen solchen Platz finden?"

Noch bevor Rachel eingreifen konnte, rief Richard von vorne: „Wenn du deine Klappe mal fünf Minuten halten würdest, dann hätte Mike uns das sicherlich längst gesagt!"

Jacobson und Brunner waren beileibe keine Freunde, aber Rachel konnte an Steves Reaktion deutlich erkennen, dass der Einwurf seines Kollegen für ihn nicht nur unerwartet kam. Tatsächlich hatte Richard ihn damit schwer getroffen. Wäre da nicht dieses verdammte Ego, hätte Steve vielleicht seine charakterlichen Schwächen erkannt und versucht, ein besseres Teammitglied zu werden. Doch als veritabler Egomane pflegte er seinen verletzten Stolz, indem er seine Gestik komplett auf Ablehnung umstellte und seine Lippen dermaßen zusammenpresste, als müsste ihm, würde er dies nicht unter Aufbringung aller zur Verfügung stehenden Kräfte tun, ein beißender Kommentar entfahren. Mike Lynch war es zu verdanken, dass er die Situation auf ganz einfache Art entschärfte.

„Steve hat Recht! Es gibt sicherlich wenige Orte, die sich dafür eignen würden. Aber das Gute ist: Steve hat mich zugleich auf die Spur dessen gebracht, was für Johnson und somit auch für uns als einzig logisches Ziel in Frage kommt … Wellesley College!"

Rachel zog Richards Landkarte dichter zu sich heran und versuchte, Mikes bisherige Herleitung nachzuvollziehen.

„Begründen Sie Ihre Annahme!", forderte sie ihn auf.

„Ganz einfach", begann Mike und setzte sich zu Miss Parker an die Landkarte. „Wellesley College ist weitläufig genug, um nicht alle möglichen Schlupflöcher in der uns zur Verfügung stehenden Zeit untersuchen zu können. Es ist jedoch trotz der teilweise alten Bauwerke eine moderne Schule mit moderner Kommunikationstechnik und Infrastruktur. Und es bietet den Vorteil, von einigen hundert Studentinnen bevölkert zu sein. Wenn Johnson diesen Umstand geschickt einsetzt, könnte es ihm die eventuell notwendige Flucht erleichtern. Im Moment jedoch – und damit komme ich zu Steves hilfreichem Tipp – sind die meisten der Studentinnen direkt an der Strecke und bilden den berühmt-berüchtigten Screech-Tunnel …"

Mike zwinkerte Steve dabei zu, wie der es vor ein paar Minuten getan hatte.

„… und sorgen somit dafür, dass Johnson bei allem, was er gerade tut, nicht gestört wird."

Stolze fünf Sekunden wirkten Lynchs Worte nach, ehe Miss Parker als Zeichen des Applauses dreimal leise in die Hände klatschte.

„Na, ein Glück, dass wir just in dem Moment da sind!", rief Brunner, der offensichtlich jedes Wort mitbekommen hatte, von vorne.

Die drei hinteren Fahrgäste sahen wie auf Kommando nach vorn und erblickten hinter der regennassen Frontscheibe des Vans die östliche Einfahrt in den Wellesley-College-Komplex.

„Richard, halten Sie bitte kurz!"

Brunner ließ den Wagen an der rechten Straßenseite ausrollen. Jeder andere hätte wahrscheinlich sofort auf die Bremse getreten, doch Richard war nun mal der gemütliche Typ. „Die Eile ist des Teufels", pflegte er zu sagen. Und diese Aussage hatte immerhin so lange Bestand, bis sein Nikotinspiegel abfiel und er ziemlich rasch Nachschub benötigte. Doch auf der Fahrt hierher hatte er seinen Pegel ausreichend aufgeladen, um jetzt entspannt agieren zu können. Als der Van schließlich stand, schaltete er den Motor ab und kam nach hinten zu den anderen.

Auf dem TV-Bild lief immer noch Channel Five, jedoch ohne Ton. Miss Parker vergewisserte sich, dass sowohl die Fernsehübertragung als auch die Unterhaltung von Johnson und Longer weiterhin mitgeschnitten wurden.

Es war 10.36 Uhr.

Die führenden Läufer kamen zur zweiten Wasserausgabestelle. Allen voran immer noch Fred Longer, der sich artig einen der Pappbecher reichen ließ, zügig, doch in kleinen Schlucken trank, den Mund ausspülte, ausspuckte, den Becher zur Seite warf und wieder in sein altes Tempo zurückfand.

Für die Vier im Van wurde das jetzt nebensächlich.

„Mike, Sie hören sich die Unterhaltung zwischen unseren beiden Lieblingen an! Achten Sie darauf, ob einer der beiden irgendetwas zum Aufenthaltsort von Johnson verrät“, begann Miss Parker, die Aufgaben zu delegieren.

„Steve, Sie versprachen vorhin, die Signalquelle aufspüren zu können, wenn wir uns ihr auf weniger als dreihundert Meter nähern würden.“

„Das behaupte ich weiterhin!“

„Gut, gehen wir davon aus, dass Johnson weiß, wie dicht wir ihm auf den Pelz rücken müssen. Da wir nicht über ihn stolpern sollen, wird er also keines der Häuser gewählt haben, die direkt an der Durchfahrtsstraße liegen. Schauen wir uns also den Plan des College an!“

Miss Parker war vorbereitet und hatte bereits aus den NSA-Archiven einen Übersichtsplan auf einen der PC-Monitore gezaubert.

Die Gebäude des Wellesley College verteilten sich über ein Areal von ungefähr zwei Quadratmeilen. Zwischen den detailreichen und zugleich hochherrschaftlich wirkenden Häusern schienen die jüngeren Gebäude, trotz aller Bemühungen, den Charme der Bauten von Neu-England zu wahren, wie trostlose Platzfüller. Selbst auf der Übersichtskarte sahen die Grundrisse der alten Gebäude verspielter aus. Allerdings ging es Special Agent Parker und ihren drei Agenten in diesem Moment weder um Tradition noch um Geschichte. Sie fühlten, dass sie ihrer Beute dicht auf den Fersen waren. Alle Überlegungen, die sie hierher geführt hatten, waren absolut logisch. Und ein Genie folgte zwangsläufig den Gesetzen der Logik. Deshalb musste sich ihr alter Weggefährte irgendwo in ihrer unmittelbaren Nähe versteckt halten! Und deshalb würde die Logik in diesem Fall Christopher Johnsons Verhängnis sein.

„Eines noch", fügte Richard in seiner betont lässigen Art hinzu. „Johnson konnte nicht ahnen, dass wir *nicht* auf Satellitenbilder zugreifen können. Er wird also weder im Freien, noch auf irgendeinem Dach zu suchen sein."

Miss Parker nickte dazu nur und sah weiterhin auf die Karte. Mit den manikürten Fingern ihrer rechten Hand führte sie den Mauszeiger in dem Plan, von ihrem jetzigen Standort ausgehend, die Verbindungsstraße entlang und markierte die abseits liegenden Gebäude je nach Abstand zu eben jener Straße mit einem Kreuz oder Haken. Als sie am oberen Ende des Plans und damit an der Central Street angelangt war, bedachte sie ihre Markierungen mit einem finalen, abschätzenden Blick und kreiste dann einen U-förmigen Gebäudekomplex ein.

„Gentlemen, Sie dürfen mir gerne widersprechen, aber ich behaupte, dass sich Johnson in einem der Flügel des Tower Court versteckt hält. Es ist das einzige Gebäude auf dem Campus, das dafür in Frage kommt!"

„Finden wir es heraus!", sagte Richard und setzte sich wieder ans Steuer.

Als der Wagen hinaus auf die Fahrspur zog, lag allerdings die Vermutung nahe, dass sein Enthusiasmus aufkeimendem Nikotinmangel geschuldet war. Denn binnen weniger Sekunden war das Fahrerhaus erneut von Zigarettenrauch erfüllt. Steve bereitete derweil alles vor, was er für die genaue Ortung des Signals benötigen würde. Mike lauschte immer noch dem Gespräch von Johnson und Longer, doch auf den fragenden Blick seiner Vorgesetzten hin schüttelte er nur den Kopf. Sie wies ihn daraufhin an, die Kopfhörer abzusetzen. Das, was er gerade tat, war ohnehin nicht mehr notwendig. Sie wussten – nein, sie ahnten bislang nur –, wo Johnson zu finden sein würde. Doch mit diesem klaren Ziel vor Augen rollten sie von Südosten auf den Tower Court zu.

Es war 10.41 Uhr. Das Läuferfeld näherte sich Wellesley von Westen. Die Führenden würden den Meilenstein Neun in weniger als einer Minute passieren. Das College befand sich an Meilenstein Zwölf, also rund eine Viertelstunde entfernt.

Richard verließ die Verbindungsstraße und bog hinter dem schmucklosen Jewett Kunstzentrum links ab. Genau vor ihm erschien Severence Hall, der östliche Anbau am Flügel des Tower Court. Während Severence Hall gerade einmal zwei Stockwerke besaß, brachte das mächtige Hauptgebäude des Tower Court es auf sechs Etagen. Und auf dem Dach über dem Hauptgebäude thronten mächtige Zinnen, die selbst noch einmal die Höhe von zwei Etagen hatten. Ein imposantes Bauwerk!

„Was müssen wir über den Tower Court wissen?", läutete Miss Parker die Abrechnung mit ihrem alten Weggefährten endgültig ein. Für Jacobson kam das einem Kommando gleich, in seiner selbstbewussten Art sein Wissen über Wellesley zu rezitieren. Rachel fürchtete bereits, sie müsse seinen Redefluss abermals bremsen, doch Steve fasste sich unerwartet kurz.

„Der Komplex des Tower Court wurde auf dem Platz der ursprünglichen College Hall errichtet, die 1914 durch ein Feuer zerstört wurde. Die Originalbaupläne aus diesem Jahr weisen keine Besonderheiten wie geheime Gänge oder doppelte Wände auf. Die einzelnen Gebäude dieses Komplexes sind zwischen einem und fünf Stockwerken hoch. Es existieren keine Fahrstühle. Ebenso wenig wie Müllschlucker oder andere potenzielle Fluchtmöglichkeiten."

„Woher weißt du das nur alles?", fragte Mike mit unverhohlen ehrlicher Bewunderung.

„Sagen wir es mal so: Wellesley College ist eine Mädchenschule. Und ich war auch mal jung ... Zumindest jünger als jetzt!"

Rachel Parker drehte sich ein wenig zur Seite und verzog die Mundwinkel zu einem Schmunzeln. Dennoch legte sie sofort nach: „Da Sie über fundierte Insiderkenntnisse verfügen, können Sie uns sicherlich eine Empfehlung geben, wo wir zuerst suchen sollten?"

Steve überlegte nur kurz.

„An Johnsons Stelle würde ich irgendwo im Dachstuhl mit einem Deltasegler hocken, um im Notfall von dort starten zu können."

„Ein Lenkdrachen? Damit käme er nicht weit. Die Höhe des Hauses reicht nicht aus!"

„Aber immerhin bis zum See!", entgegnete er bestimmt.

Richard hatte in der Zwischenzeit den Van im Schatten von Claflin Hall, einer Erweiterung des kürzeren Westflügels des Tower Court, eingeparkt. Claflin Hall war gerade einmal drei Etagen hoch, doch mit den kleinen Zinnen und Kaminen war es das schönste und detailreichste Gebäude des Tower-Court-Komplexes.

Weit und breit war keine Studentin zu sehen. Was nicht weiter überraschte, denn die guten Plätze an den Absperrungen waren jedes Jahr hart umkämpft. Einige der jungen Frauen sicherten sich bereits eine Stunde vor dem Start in Hopkinton die besten Plätze an der Balustrade an der Central Street.

„Ich glaube nicht, dass die Lösung so simpel ist. Aber um sicher zu gehen: Mike, überprüfen Sie, ob sich irgendwo unten am See ein Motorboot oder ein anderes Fluchtfahrzeug befindet. Falls ja, machen Sie es funktionsuntauglich!“, befahl Miss Parker.

Mike Lynch war bereits aus dem Wagen, kaum dass Rachel den Satz beendet hatte. Steve musste wieder einen Einwand anbringen.

„Ein Motorboot könnte auch jemand anderem gehören!“

„Was Johnson jedoch nicht abhalten würde, sich dessen zu bemächtigen. Folglich sollten wir dieser Möglichkeit vorgreifen!“

Richard murmelte leise in seinen Vollbart.

„Bitte?“, fragte Rachel entschieden nach.

Brunner schien sich erst zu sträuben, doch letztlich gab er seine Befürchtung preis.

„Ich glaube nicht, dass wir vier ausreichend vorbereitet sind, um mit Christopher Johnson fertig zu werden!“

„Und ich hätte nicht erwartet, dass Sie mal die Hosen voll haben würden!“, gab Rachel schlagfertig zurück. Ihre verbale Spitze traf Richard überraschend. Doch Brunner bekam sofort Unterstützung von Jacobson.

„Das ist nicht nur Richards Meinung. Ich bin auch der Ansicht, dass wir bei dieser Aktion einfach überstürzt vorgehen!“

Dieser Anflug von Meuterei überraschte wiederum Miss Parker. Sie erhob sich von ihrem Stuhl und ging um Richard herum, damit sie nicht zwischen den beiden sitzen musste. Dann lehnte sie sich an einen der Computerschränke, strich mit der flachen Hand ihren Blazer glatt und wandte sich ihnen wieder zu.

„Ich weiß, was Sie denken! Sie glauben, dass ich Barts Abwesenheit als willkommene Gelegenheit ansehe, mir Johnson ohne fremde Hilfe zu schnappen, um so einige Sprossen auf der Karriereleiter auf einmal zu nehmen."

Die beiden Männer nickten. Und Rachel lächelte sie milde an.

„Dann sind Sie wahrscheinlich auch der Meinung, ich sollte ein SWAT-Team herbeiordern, damit wir einen Mann festnehmen, der wahrscheinlich noch nicht einmal bewaffnet ist? Und als ob das nicht reichen würde, soll ich auch noch um den Satellitenzugriff betteln? Meinen Sie nicht, dass das ärmlich wirken könnte? Wir vier haben ihn hier aufgespürt, wir vier werden auch ausreichen, um ihn festzunehmen. Wie Sie wissen, haben wir alles, was wir dafür brauchen werden, in diesem Van. Wenn er *uns* entwischt, dann würde ihn auch ein SWAT-Team nicht daran hindern können! Johnson mag ein Genie sein – doch auch *er* hat Schwächen! Und wir wissen besser als jeder andere in der Agency, was wir tun müssen, falls er wirklich in diesem alten Gemäuer hockt. Dafür brauchen wir weder den Satelliten noch ein SWAT-Team! Und jetzt will ich kein Gejammer mehr hören! Ich will Vorschläge, wie wir Christopher Johnsons Macken zu unserem Vorteil nutzen können!"

Miss Parker hatte sich eines alten Anwaltstricks bedient: Kannst du nicht mit Fakten überzeugen, werde emotional. Der altkluge Steve, der skeptische Richard, beide waren noch nicht hundertprozentig überzeugt, doch auf alle Fälle hatte Rachel Parker sie komplett überrumpelt. Und bevor sie erneut nach Argumenten suchen konnten, stürmte Mike zurück in den Van.

„Kein Boot, und weit und breit kein anderes Fahrzeug", warf Lynch kurz in die Runde, um dann laut keuchend nach Luft zu ringen.

„Na, auf Johnsons Fluchtplan bin ich jetzt schon gespannt!", sagte Steve, und damit war das andere Thema vorerst vom Tisch. Rachel bemerkte, dass weder Richard noch Steve sonderlich von Mikes Rückkehr erbaut waren. Reichte ihre Loyalität immerhin so weit, dass sie ihrer Chefin nicht im Beisein des Neuen in den Rücken fielen? Dann war die kleine Meuterei von eben eher ein ‚Muskeln spielen lassen', ein Test, wie weit sie gehen konnten. Rachels Erkenntnis kehrte das, was Brunner und Jacobson beabsichtigt hatten, ins genaue Gegenteil um. Wenn sie ihre Karten von nun an schlau ausspielte, würde sich alles zu ihrem Vorteil entwickeln.

Mike hatte sich in den Türrahmen gesetzt und rang immer noch nach Luft.

„Sie sind schnell zu Fuß!", lobte ihn Rachel Parker, und Mike, der immer noch erschöpft war, winkte nur ab, anstatt zu antworten.

„Aber er ist damit nicht der Einzige in unserem Team!", beeilte sich Steve zu versichern. Und es war klar, dass er damit kaum Richard meinte.

Miss Parker sah ihm ohne sichtbare Spur einer Gefühlsregung in die Augen und erwiderte, dass sie sich diese Information merken werde. Dann ordnete sie an, dass Mike vorerst zurück an seinen Horchposten müsse.

Für ihre beiden Meuterer hatte sie eine anspruchsvollere Aufgabe. Sie ging im Van nach vorn und öffnete eine der Schubladen für die Spezialausrüstung. Mit sicherer Hand förderte sie zwei kugelsichere Westen sowie zwei Helme mit Head-Set und Kamera zutage. Außerdem nahm sie zwei Pistolen aus dem Waffenschrank des Vans.

„Sie beide erkunden das Gebäude. Ich will kein Risiko eingehen! Sie tragen die Westen und Standardbewaffnung. Ihre Helmkameras zeigen mir hier, was Sie draußen sehen. Gehen Sie vorsichtig, aber zügig vor!"

„Sagten Sie nicht, dass Johnson wahrscheinlich unbewaffnet ist?", fragte Richard, als er sich die Weste überstreifte.

Rachel Parker drückte ihm eine der Waffen in die Hand und hielt die zweite Steve Jacobson vor die Nase.

„Eine Waffe würde nicht zu ihm passen. Aber möchten Sie eine Wette darauf abschließen?“

5

„Wer zum Teufel ist Fred Longer, werden sich jetzt wohl die Laufinteressierten unter Ihnen fragen! Auch wir von Channel Five können Ihnen kaum mehr über ihn verraten. Doch das Wenige, das wir wissen, wollen wir Ihnen natürlich nicht vorenthalten! Zum ersten Mal trat er im letzten Jahr während des Marathons in der deutschen Hauptstadt Berlin in Erscheinung. Auch während dieses Laufes hielt er sich lange in der Gruppe der Führenden auf. Allerdings konnte er sein hohes Anfangstempo nicht halten und beendete den Lauf als Fünfundvierzigster. Ob ihm am heutigen Tag ein ähnliches Schicksal droht? Noch weiß das niemand. Doch die Zuschauer an der Strecke scheinen geradezu elektrisiert von Longers respektloser Art. Oder bewegt die Tatsache, dass endlich wieder einmal zwei unserer Landsmänner in der Spitzengruppe dabei sind, einige der Fans dazu, mit der amerikanischen Flagge so lange wie möglich neben den Führenden herzulaufen?"

Chris Johnson lächelte unbewusst, als er im Fernsehen die Jungs mit den Stars und Stripes den Gehweg entlang sprinten sah. Einige schwenkten die kurzen Fahnenstangen bis zur völligen Verausgabung. Es war das Verständnis um die Begeisterung dieser jungen Männer, das ihn schmunzeln ließ. Als er in ihrem Alter gewesen war, hatte er verzweifelt nach Fanalen gesucht, nach Menschen, die ihm durch ihre Leistungen und ihr Wissen imponieren konnten. Sein eigenes Genie machte es ihm dabei nicht gerade leicht, Personen zu finden, die diese hohe Vorgabe erfüllen konnten. So blieben zwangsläufig nur diejenigen übrig, die die amerikanische Geschichte nachhaltig geprägt hatten: Washington, Jefferson, Lincoln. Das Interesse für diese Männer und ihre Taten veränderte den heranwachsenden Christopher.

Es weckte den Patrioten in ihm und öffnete ihn womöglich für die Versprechungen der Agency. Jetzt – Jahre später und um einige bittere Erfahrungen reicher – war er immer noch bekennender Vaterlandsfreund. Den jungen Fahnenschwenkern war es offensichtlich leichter gefallen, ihre persönlichen Helden zu finden. Doch schmälerte diese Tatsache nicht Christophers Verständnis für ihre Euphorie.

Wirklich von Interesse war für ihn jedoch nur die Euphorie eines Einzelnen! Brian war immer noch in der führenden Position, seine körperlichen Werte lagen wieder im Normbereich. Momentan lief alles nach Plan, doch der Weg war noch weit, und die möglichen Einflussfaktoren zahllos.

Chris hatte sich zurückgenommen und redete nicht mehr gebetsmühlenartig auf seinen Kumpel ein. Nur von Zeit zu Zeit wies er darauf hin, dass Brian es den anderen heimzahlen wollte. Solange Brian sich dessen erinnerte, funktionierte er tadellos!

Einen winzigen Moment schämte sich Chris für diesen Gedanken. Er hatte seinen Kumpel zum Werkzeug degradiert, zu einem willenlosen Gehilfen, der mehr oder minder an den Fäden des Puppenspielers Johnson hing. Chris tröstete sich damit, dass die Umstände diese Aufgabenverteilung erforderten. Zu gerne hätte er es vermieden, Brian dies aufbürden zu müssen. Doch wenn ihr Plan am Ende funktioniert hatte, dann würden sie gemeinsam über diesen Tag lachen können. Und sie würden reich sein!

Christopher Johnson konzentrierte sich wieder auf die Bildschirme. Rechts sah er Fred Longer in der Übertragung von Channel Five und damit auch, wie er gerade den Meilenstein Elf passierte. Es war 10.47 Uhr und 47 Sekunden. Das bedeutete eine sehr gute Zwischenzeit! Die Central Street fiel nach einer eher einfachen Steigung von diesem Punkt an wieder leicht ab und würde …

Christopher bemerkte eine Bewegung auf den Browserfenstern des linken Monitors. Sofort hatten die Bilder der Außenkameras seine volle Aufmerksamkeit! Seine rechte Hand übernahm die Kontrolle der Steuerung von Kamera Eins, die die Bilder des Bereichs nördlich von Claflin Hall lieferte. Dort liefen zwei Männer in geduckter Haltung an der Wand entlang auf den Eingang dieses Trakts zu. Ihre Ausrüstung schrie geradezu ‚Geheimdienst'.

„Euch zwei kenn ich doch!", murmelte Chris leise vor sich hin und richtete die nächste Kamera auf seine beiden Ex-Kollegen. Brunner und Jacobson hielten die Waffen gen Boden und versuchten, so unauffällig wie möglich zum Eingang zu gelangen. Mit angelegter Kevlar-Schutzweste und Helmkamera war das allerdings schwierig! Da der Campus in diesem Bereich jedoch wie ausgestorben war, gab es außer Johnson niemanden, der die zwei hätte sehen können. Dennoch gingen sie, als sie die Tür erreicht hatten, nach Standardprozedur vor. Brunner rechts, Jacobson links – Richard Brunner zog die Tür auf, und sein Kollege sprang nach einem kurzen Moment hinein, rollte nach rechts und zielte mit seiner Waffe auf den leeren Flur. Richard folgte ihm, sprang nach links und sicherte den Platz hinter Steve.

Christopher wechselte die Kamera und beobachte weiterhin seine beiden Ex-Kollegen. Ihm war nicht entgangen, dass die beiden etwas eingerostet schienen. Ein SWAT-Team wäre in der Hälfte der Zeit doppelt so weit vorgerückt. Dennoch war er weit davon entfernt, sich zu amüsieren. Die Agency, sein Feind, war eingetroffen!

Christopher Johnson war auf alle Eventualitäten vorbereitet. Er fühlte keinerlei Angst, er war nicht einmal aufgeregt. Er wusste, dass die Stunde seiner Rache angebrochen war. Helens Bild tauchte vor seinem geistigen Auge auf und erinnerte ihn an seine Wut. Tief in sich hätte er schreien mögen, irgendetwas zerstören, irgendjemanden verletzen! So groß war das Gefühl in ihm – und doch so fern. Seit Helens Tod hatte sich so viel verändert! Sein Leben, sein Alltag, seine Ansichten. Ein wenig sogar sein Charakter. Wo früher hinter jeder kleinen Enttäuschung sofort der Jähzorn aus ihm herausgebrochen war, blieb jetzt das Wissen um die Nutzlosigkeit solcher Gefühle. Ja, Chris glaubte gar, sich im Griff zu haben, sich kontrollieren zu können. Und er wusste, dass Zorn die schlechteste aller möglichen Motivationen war, wenn es galt, den Überblick zu behalten. Anders hätte er Brian auch nicht bis zu diesem Punkt des Rennens führen können. Sie wären ohne Zweifel ein ziemlich erfolgloses Paar, wenn sich zu Brians unkontrollierbarer Euphorie Chris' unberechenbarer Jähzorn gesellt hätte! Also blieb Christopher Johnson ruhig – so ruhig, dass seine ehemaligen Kollegen ihn kaum wiedererkannt hätten. Und mit dieser Ruhe begann er das, was er sah, zu analysieren.

Die Agency hatte ihn aufgespürt! Gut – das kam nicht unerwartet. Er fragte sich keine Sekunde, ob Bart Lucas' Team zuerst andere Objekte auf dem Campus untersucht hatte und zufällig bei Claflin Hall angelangt war. Die NSA beschäftigte generell keine Dummköpfe. Wenn sie halbwegs logisch vorgegangen waren, dann mussten sie diesen Flügel des Tower-Court-Komplexes dem anderen vorziehen. Schließlich werden sie alle Fluchtmöglichkeiten bedacht haben, und aus der Nähe zum See ergaben sich für Claflin Hall gewisse Vorteile. Doch bei allem Respekt, den er eben noch für die Agenten, die sich eine Etage über ihm befanden, empfinden konnte, übersah er nicht das entscheidende Detail der NSA-Aktion: Vor seinem Schlupfloch wartete kein SWAT-Team! Stattdessen versuchten zwei, höchstens vier Mann, ihn zu stellen. Und das war grob fahrlässig!

Normalerweise wurden solche Nachlässigkeiten bestraft.

Rachel Parker schaltete ihr Head-Set-Mikrofon auf den ersten Sprachkanal. Derweil verfolgte sie auf zwei Monitoren die Bilder, die Brunners und Jacobsons Helmkameras lieferten. Die beiden gingen durch den unteren Flur des Seitenflügels. Der Boden war mit großflächigen, grauen Steinen gepflastert, die Seitenwände bildeten lediglich die Verbindungen der marmorfarbenen Säulen, die im Abstand von circa sechs Metern den Flur säumten. Rund zwanzig Meter entfernt befand sich eine massive Steintreppe, die mit ihrem verschnörkelten Steingeländer in den oberen Stock hinaufführte. Eine Beleuchtung war nur indirekt vorhanden, da die durch die Fenster im oberen Stockwerk einfallenden Sonnenstrahlen die Treppe nur teilweise erhellten. Doch das wenige Licht genügte den Kameras, um Miss Parker im Van ein deutliches Bild zu übermitteln.

„Suchen Sie den Sicherungskasten, und drehen Sie unserem Freund zuerst den Strom ab!"

„Genau wie im Handbuch festgelegt …", gab Steve ihrem Befehl eine spöttische Note. Rachel verbiss sich eine Antwort. Außerdem sah sie auf einem der Monitore, wie Richard mit seiner erhobenen Waffe winkte, um Steve auf den Bereich hinter der Treppe aufmerksam zu machen. Hochkonzentriert schlichen die beiden Agenten um die Treppe herum und fanden dort sowohl eine Treppe, die unter der anderen hinab in den Keller führte, als auch eine Tür mit der Aufschrift ‚Hauswirtschaftsraum', die bestimmt den gesuchten Sicherungskasten beherbergte.

Christopher sah sich das Vorrücken der Agenten auf dem Bild der dritten Kamera in aller Ruhe an. Sie näherten sich seinem Schlupfloch, doch auch das traf ihn nicht unvorbereitet. Die einzige Gefahr, die er jetzt sah, war die, dass er Brian eine Weile vernachlässigen musste. Er hoffte darauf, dass sein Kumpel mit dem letzten, winzigen Funken seines

Verstandes die Situation begreifen und an ihrem Plan festhalten würde. Unbewusst zog er das Mikrofon dichter an den Mund heran und sprach betont deutlich hinein.

„Fred, du musst ein paar Minuten alleine klarkommen. Ich glaube, ich bekomme hier gleich unliebsamen Besuch!"

Mike Lynch hob den rechten Arm und winkte Rachel Parker heran. Sie wusste sofort, weshalb er ihr dieses Zeichen gab.

„Was hat er gesagt?", fragte sie leise.

„Er scheint Sichtkontakt zu haben!"

Rachel Parker machte ein erstauntes Gesicht. Sofort schaltete sie sich wieder zu Richard und Steve.

„Er ist hier im Gebäude! Suchen Sie unauffällig nach irgendwelchen Kameras im Flur oder an der Treppe. Er sieht Sie beide kommen!"

Die beiden Helmkameras zeigten fast im selben Moment das Bild des jeweils anderen. Steve und Richard sahen sich gegenseitig an – für einen sehr langen Augenblick. Offensichtlich war es auch für die beiden im Außendienst eine Überraschung. Miss Parker war jedoch wieder einen Schritt voraus.

„Nun machen Sie sich nicht gleich ins Hemd! Er kann Sie nur sehen! Sie müssten sich eher Gedanken machen, wenn es nicht so wäre. Wenn er uns von seinem Versteck wirklich fernhalten wollte, hätte er wahrscheinlich Selbstschussanlagen installiert!"

„Sehr beruhigend!", erwiderte Brunner sarkastisch.

Rachel konnte jedoch am wieder einsetzenden Schwenken der Kameras erkennen, dass sich sowohl Richard als auch Steve nach den Kameras umschauten.

„Nach Kabeln brauchen wir ja wohl nicht zu suchen … Wer imstande ist, das JP-7 zu entwickeln, wird für die Übertragung von Videosignalen kaum ein Kabel verwenden“, erwähnte Steve wie nebensächlich.

Derweil hatte Richard einen vermeintlichen Bildspion entdeckt.

„Etwa zwei Meter über der Tür zum Hauswirtschaftsraum“, raunte er in sein Mikro, gerade so, als müsse er befürchten, dass die Kamera auch ihr Gespräch belauschen könnte.

„Dann holen wir aus dem Raum eine Leiter …“, begann Steve und wollte nach der Türklinke zum Hauswirtschaftsraum greifen, als Rachel ihn anzischte: „Finger weg! Das kann eine Falle sein!“

Steves Hand zuckte zurück, als hätte er etwas Heißes berührt. Und Miss Parker konnte durch Richards Helmkamera erkennen, dass Steve über seine eigene Unachtsamkeit erschrocken war. Diese Erkenntnis, so dachte sie, würde ihn, den Neunmalklugen, sicherlich doppelt schmerzen. Doch Miss Parker hatte nicht mit Steves Ego gerechnet.

„Hätten wir Zugriff auf den Satelliten, könnten wir das Gebäude auf Sprengstoffe scannen!“, erinnerte er sie prompt an ihre vorherige Diskussion.

„Liegt Ihre Grundausbildung so weit zurück, dass Sie sich nicht mehr an die Hinweise auf Sprengfallen erinnern können?“, konterte Rachel, nur um ihrerseits von Steve abgestraft zu werden.

„… gut gesprochen von jemandem, der weit genug entfernt sitzt!“

Rachel Parker versuchte, sich des drakonischen Strafmaßes zu erinnern, das früher für Meuterei verhängt wurde, doch war ihr bewusst, dass es weder ihr Ansehen stärken, noch sie in der Sache Johnson voranbringen würde.

„Ich bin in zwei Minuten bei Ihnen!“

Damit ging sie zum Schrank mit den Kevlar-Westen und wollte sich ebenfalls mit der Grundausstattung versorgen, als Mike sie zurückrief.

„Miss Parker? Ich glaube, Sie müssen sich nicht mehr bemühen!“

Rachel erstarrte. Sie wusste genau, was das bedeutete! Als sie zurück zum Monitor ging und dabei langsam die halb angelegte Weste wieder abstreifte, konnte sie bereits erkennen, dass ihre Vermutung stimmte: Steve Jacobson hatte die Tür ohne vorherige Überprüfung geöffnet!

„Ihr verdammter Stolz wird Sie eines Tages umbringen!“, fauchte sie ins Mikrofon.

„Aber nicht heute!“, flötete Steve zurück und begab sich auf die Suche nach einer Leiter. Dieser Erfolg blieb ihm zwar versagt, doch dafür fand er den Hauptsicherungskasten. Dabei kam es einem Wunder gleich, dass Richard so ruhig blieb, zumal er bereits einige Minuten auf sein geliebtes Nikotin verzichten musste. Schließlich hatte Steve mit seiner unbedachten Aktion auch Richards Leben gefährdet. Doch Richard Brunner sicherte lediglich die Tür, während Steve sich das Sekundärziel vornahm: die Hauptsicherung!

Gerade als er auch diesen Schalter allzu sorglos betätigen wollte, sprang Richard hinzu und griff ihm an den Arm. Steve sah seinen Kollegen erbost an und wollte trotz Richards Widerstand den Schalter umlegen. Doch Richard Brunner demonstrierte eine unerwartete Stärke.

„Verdammt, Mann! Es genügt, dass du uns einmal in Gefahr gebracht hast!“, raunte er. „Untersuch die Sicherung wenigstens auf Sprengfallen!“

Damit gab er Steves Hand wieder frei, die bewegungslos in ihrer Position verharrte. Rachel konnte erkennen, dass Brunners Worte weit mehr bewirkten als ihre kleine Ansprache zuvor. Es war ihr jedoch egal, wer Jacobson zur Besinnung brachte, wenn es nur überhaupt gelang, seine Selbstherrlichkeit für die Dauer des Einsatzes zu unterdrücken!

Und Steve begann tatsächlich, den Sicherungskasten zu untersuchen. Richard bewegte sich zurück zur Tür und überwachte den Raum unterhalb der Steintreppe.

„Der Kasten ist sauber. Ich bin soweit", meldete Steve und fragte damit indirekt um Erlaubnis, Claflin Hall vom Strom zu trennen.

„Tun Sie's!", sagte Miss Parker.

Mit Interesse verfolgte Christopher Johnson die Szenerie im Browserfenster seiner vierten Kamera. Diese hatte er am Fuße der Kellertreppe angebracht und so ausgerichtet, dass er die Treppe hinauf und in die geöffnete Tür des Hauswirtschaftsraums sehen konnte. Und was er dort sah, erstaunte und amüsierte ihn gleichermaßen. Auch wenn er nicht jedes Detail erkennen konnte, ahnte er doch, was die beiden Männer dort taten. Er unterbrach seine Beobachtung des Bildschirms und blickte gespannt zu dem kleinen Nachtlicht, das er zur Überwachung der Stromversorgung in die Steckdose neben der Tür seines Schlupflochs gesteckt hatte. Einfach und effizient. Als das kleine Licht tatsächlich erlosch, entfuhr ihm ein „Hohoho!"

Fast hätte er sich vor lauter Belustigung den Bauch gehalten.

„Da hält mich wohl jemand für einen kompletten Idioten!"

Diese Agenten, dachte er sich, sollten eigentlich wissen, dass er alle Standardprozeduren kannte und sie somit auch umgehen konnte. Jedes Gerät, das er hier unten installiert hatte, lief ausschließlich mit Batteriestrom. Und das war beileibe kein genialer Schachzug, sondern lediglich eine logische Notwendigkeit!

Mike hatte, als er Johnsons Ausruf hörte, die Frequenz sofort auf die Lautsprecher geschaltet. So konnte auch Miss Parker Christophers letzten Satz hören.

„Sicherlich nicht für einen Idioten, aber für ein arrogantes und möglicherweise nachlässiges Genie", kommentierte Rachel vermeintlich emotionslos. Dabei sah sie auf ihre Armbanduhr. Mittlerweile hatten sich die Zeiger auf 10.53 Uhr vorgearbeitet, und Rachel meinte, in der Ferne einen Helikopter zu hören. Zugleich erhob sich ein Gekreische, wie sie es zuvor noch nie gehört hatte. Sie ahnte, was das bedeutete! Sofort schaute sie hinüber zum TV-Bild und fand damit umgehend ihre beiden Annahmen bestätigt: Der Helikopter war der des Fernsehsenders. Und die Spitzengruppe hatte den Screech-Tunnel erreicht.

„Mike, unser Heli sollte bald hier sein – falls man sich auf die State Police verlassen kann! Sagen Sie Myers wo wir uns befinden. Und machen Sie noch mal Druck! Ich will mich nicht auf den Van verlassen, wenn Johnson türmt. Wer weiß, was er sich für seine Flucht hat einfallen lassen!"

Im sicheren Wissen, dass Lynch ihrem Befehl sofort nachkommen würde, schaltete sie das Head-Set wieder ein.

„Irgendwelche Fortschritte?", fragte sie ihr Außenteam.

„Die Kamera zeigt auf die Treppe, die ins Untergeschoss führt. Wir werden uns langsam vorarbeiten."

Richard hatte ihr in zwei Sätzen alles Wesentliche gesagt. Davon, so dachte Rachel, sollte sich Steve eine große Scheibe abschneiden! Als sie sich Mike zuwendete, hielt der seinen rechten Daumen hoch.

„Die angeforderte Unterstützung wird in etwa sieben Minuten hier sein. Wie versprochen!"

Miss Parker nickte zufrieden und sah wieder auf die Monitore, die die Bilder von Brunners und Jacobsons Helmkameras zeigten. Die beiden zogen sich gerade das Nachtsichtvisier vor die Augen und schalteten die Kameras auf Restlichtverstärkung um. Aus dem dunklen Nichts vor ihnen wurde eine ansatzweise erkennbare Treppe. Langsam, Schritt für Schritt, stiegen sie hinunter, die Waffen weiterhin im Anschlag. Miss Parker verfolgte sie auf den Monitoren, so gut es eben ging. Der Van war nicht komplett abgedunkelt. Es fiel Licht vom Fahrerhaus herein. Der Himmel war zwar immer noch wolkenverhangen, der Nieselregen sorgte gar für ein leises Trommeln auf dem Dach des Wagens, doch Rachel versuchte, sich nur auf die zwei dunklen, wackligen Bilder vor sich zu konzentrieren. Dazu hörte sie Johnsons Stimme aus den Lautsprechern.

„Fred, ich bin stolz auf dich! Du hast sie im Griff! Ich kann sehen, wie sie sich ärgern. Du zahlst es ihnen heim, Fred! Weiter so!"

Mike beobachtete Miss Parker, wie sie sofort auf das TV-Bild von Channel Five wechselte und offensichtlich hoffte, auf Longers Gesicht eine Regung zu finden. Doch nichts dergleichen geschah. Miss Parker hatte jedoch eine Idee.

„Mike, sehen Sie zu, dass ich mich in das Gespräch zwischen Johnson und Longer einklinken kann! Ist das ein Problem?"

„Nein. Johnson hat auf eine digitale Verschlüsselung verzichtet. Es ist ungefähr so einfach, als würde ich Sie zu einem Konferenzgespräch dazuschalten."

Noch während er seiner Vorgesetzten antwortete, fragte er sich, ob Johnson wirklich nachlässig gehandelt hatte. Oder war er einfach davon ausgegangen, dass der Agency die Möglichkeiten zur Verfügung standen, jede Verschlüsselung zu knacken? Johnson sollte das einschätzen können. Die NSA ist in Sachen Informationsbeschaffung und Entschlüsselung weltweit die Nummer Eins unter den Geheimdiensten. Johnson selbst, so glaubte Mike aus den Erzählungen seiner

Kollegen erfahren zu haben, hatte die jüngere Geschichte der Agency mit geprägt …

Mike kam nicht dazu, diese Gedanken zu beenden.

„Schalten Sie die Stimmverfremdung vor, wenn ich spreche“, forderte Miss Parker. „Irgendetwas Sonores, Männliches!“

Mikes erster Impuls war eine Erwiderung wie „de Niro haben wir leider nicht vorrätig“, aber er biss sich auf die Zunge. Bart Lucas hatte ihn darauf hingewiesen, dass er nach dem ersten Vierteljahr eine Beurteilung über ihn zu erstellen habe und dass er dafür auch auf Rachel Parkers Meinung zurückgreifen werde. Bart war es auch, der Miss Parkers Fähigkeiten gelobt und Mike ermutigt hatte, sich im Zweifel immer an sie zu halten.

Im Zweifel? Hielt sein Boss so wenig von Richard und Steve? Oder war Miss Parker tatsächlich so außerordentlich gut? In diesem Fall war sie wohl wirklich die bestmögliche Gegenspielerin für Christopher Johnson.

„Ich habe Ihre sonore Männerstimme auf Kanal Zwei gelegt. Sie können sich jederzeit in das Gespräch einklinken.“

Mike Lynch hatte erwartet, dass Miss Parker sofort von dieser neuen Möglichkeit Gebrauch machen würde. Doch er hatte sich getäuscht. Offensichtlich konnte sie der Versuchung widerstehen. Oder sie hatte erkannt, dass sie momentan keinen Gewinn daraus ziehen konnte. Wie immer im Leben, gab es auch in der Geheimdienstarbeit den perfekten Augenblick. Mike glaubte, Miss Parkers Gedanken erraten zu haben. Für den Fall, dass seine Chefin tatsächlich den perfekten Moment abwarten und ausnutzen würde, nahm sich Mike vor, aufzupassen und zu lernen. Gut möglich, dachte er sich, dass diese Jagd zum Glücksfall für ihn werden würde. Offensichtlich war Johnson eine Legende, und man hatte nicht jeden Tag die Chance, eine Legende zu jagen und zu fassen.

Rachel schaltete sich wieder auf Sprachkanal Eins.

„Lagebericht?“

„Hier unten ist nichts außer einer winzigen Tür“, gab Steve zurück.

„Wie winzig?“, fragte Rachel, die zwar die Umrisse auf dem Monitor erkennen, die Größe ohne einen Vergleich jedoch schlecht schätzen konnte.

„Eineinhalb Meter hoch und ungefähr ebenso breit“, antwortete Richard.

„Sehen Sie sich um! Sind da unten noch andere Kameras?“

„Wenn er hier das gleiche Modell wie im Flur verwendet hat, wird es schwer werden, die im Dunkeln zu finden!“

„Ich bin mir sicher, dass Johnson da unten sitzt und Sie, mich und wahrscheinlich halb Wellesley beobachtet“, sagte Rachel so leise, dass Mike, der zwei Meter neben ihr stand, es fast nicht verstehen konnte. Steve jedoch schien mit einem überragenden Gehör gesegnet zu sein.

„Johnson kann überall sein! Das hier ist wahrscheinlich nur eine Falle. Und die wäre, mit Verlaub gesagt, nicht besonders genial!“

Rachel war anderer Meinung.

„Wenn er Sie in eine Falle locken wollte, hätte er mehrfach dazu Gelegenheit gehabt! Oder haben Sie Ihren Ausrutscher mit dem Hauswirtschaftsraum vergessen?“

„Vielleicht hatte selbst ein Genie wie Christopher nicht mit der Lässigkeit unseres Kollegen gerechnet“, stichelte Richard und hielt sich geschickt an die Regel, keine Namen im Funkverkehr zu benutzen.

Jacobson verkniff sich einen Kommentar, doch konnten sowohl Richard als auch Rachel ein gepresstes Nuscheln vernehmen.

„Wir werden es nie herausfinden, wenn Sie nicht noch fünf, sechs Schritte nach vorn machen!"

Steve entgegnete, dass sie dann bereits im Zimmer hinter der Tür stehen würden, und Rachel bestätigte seinen Einwurf mit einem lapidaren „Eben!"

„Sie glauben doch nicht allen Ernstes, dass wir durch halb Massachusetts hetzen, um diesen Mann zu jagen, und er sitzt hier gemütlich im Keller und erwartet uns?", argwöhnte Steve erneut.

„Da Sie Zweifel daran hegen, können Sie ja guten Gewissens die Tür vor sich öffnen, ohne etwas befürchten zu müssen!", konterte Rachel.

„Miss Parker!", rief Mike empört und starrte sie ungläubig an. Rachel hatte die Sprechverbindung zu Brunner und Jacobson augenblicklich unterbrochen und funkelte Mike Lynch böse an.

„Sie sollten meine Entscheidungen niemals vor anderen Teammitgliedern anzweifeln!"

„Aber Sie können doch unmöglich das Leben der beiden gefährden!", versuchte Mike seinen Einspruch zu begründen.

Rachel schüttelte den Kopf.

„Das tue ich auch nicht!"

„Dann erwarten Sie, dass Johnson sich nicht hinter dieser Tür aufhält?"

Dabei deutete er mit ausgestrecktem Finger und hilfloser Geste auf die Monitore, die weiterhin die Bilder von Brunners und Jacobsons Helmkameras zeigten.

„Johnson wird dort sein. Aber er wird den beiden kein Haar krümmen!"

Mike zeigte sich davon keinesfalls überzeugt.

Da hörte Rachel Brunners Stimme im Head-Set.

„Sollen wir wirklich ohne Vorwarnung reingehen?"

„Warten Sie noch einen Moment!"

Dann unterbrach sie wieder die Verbindung.

„Mike, vertrauen Sie mir! Ich weiß, was ich tue. Und auch, wie wir Johnson fangen können! Er ist aufbrausend, er ist egoistisch, er ist schwierig. Aber er ist kein Mörder! Und er wird das Leben seiner Ex-Kollegen nicht riskieren, selbst wenn er noch immer auf die Agency sauer sein sollte.“

Mikes Gesichtszüge fingen tatsächlich an, sich ein wenig zu entspannen. Was hatte Bart Lucas zu ihm gesagt? Im Zweifel sollte er sich an Miss Parker halten …

Die hatte inzwischen die Sprechverbindung wieder geöffnet und gab längst die Vorgehensweise für den Zugriff aus.

„Außenteam, wenn Sie die Tür geöffnet haben, halten Sie sich zurück! Sie kennen Christopher! Er wird Ihnen erst eine seiner Geschichten erzählen wollen, bevor er uns zeigt, wie man sich aus einem Keller ohne Notausgang aus dem Staub macht. Lassen Sie ihn um Gottes Willen reden! Solange er glaubt, im Vorteil zu sein, wird nichts eskalieren. Aber denken Sie daran: Johnson verhält sich wie eine Ratte! Wenn man ihn in die Enge treibt, wird er angreifen!“

Mike sah auf die Uhr. Es war 10.56 Uhr und 30 Sekunden.

Rachel Parker drückte eine Taste und aktivierte erneut die Sprechverbindung.

„Öffnen Sie die Tür!“, sagte sie hart und bestimmt.

Gemeinsam mit Mike starrte sie auf die beiden Monitore. Im fahlen Schein der Restlichtverstärkung sahen sie, wie sich die beiden Agenten der Tür näherten und eine Hand sich der kaum erkennbaren Klinke entgegen streckte, sie umfasste und inne hielt. Offensichtlich stellten sich Richard und Steve so hinter die Türflügel, dass jeder von ihnen durch eine der Seiten geschützt war.

Richards Atem drang stoßweise an Miss Parkers Ohr. Leise und langsam begann er gen Null zu zählen, um mit Steve den Moment abzustimmen, die Tür mit einem Ruck zu öffnen.

„… Drei … Zwei … Eins … Jetzt!"

Die Flügel ließen sich nicht halb so rasch wie von ihnen beabsichtigt öffnen, und der Ruck wurde von einem tiefen, bedrohlich klingenden Knarren begleitet. Als die Tür zumindest halb geöffnet war, näherten sich Brunner und Jacobson dem Spalt, um hineinzusehen …

Blendend hell brachen die Bilder auf den Monitoren zusammen.

6

„Schon sind wir nach dieser kleinen Werbeunterbrechung zurück. Zurück auf Channel Five! Und hier, liebe Zuschauer, sind Sie richtig! Wir präsentieren Ihnen, wie in jedem Jahr, den Boston Marathon. Und es hat schon Tradition, dass uns während des Laufs ein guter Bekannter besucht. Bitte begrüßen Sie mit uns Bill Rodgers, den vierfachen Gewinner des Boston Marathons, hier bei uns im Studio!“

„Scott, vielen Dank für diesen tollen Empfang! Ich komme immer wieder gerne zu euch.“

„Und natürlich wollen wir sofort deinen Fachverstand zu Rate ziehen. Schließlich weiß niemand besser als du, worauf es ankommt, um auf diesen sechsundzwanzig Meilen zu bestehen. Bill, du hast den Lauf bisher mitverfolgt. Wie ist deine Meinung zu dem Läufer mit der Nummer 368?“

„Ich würde lügen, wenn ich behaupten würde, jemals zuvor etwas von Fred Longer gehört zu haben. Doch bislang kann ich ihm nur Respekt zollen. Er läuft ein starkes Rennen! Aber ich habe auch schon viele starke Läufer kurz vor dem Ziel einbrechen sehen. Warten wir ab, wie seine Taktik für die zweite Hälfte aussieht!“

„Achtung, meine Herren! Die Spitzengruppe hat den Screech-Tunnel erreicht, und die Mädchen des Wellesley College scheinen sich heute richtig ins Zeug legen zu wollen. So laut war es selten! Natürlich haben wir unseren Mann für die Außenreportagen längst wieder vor Ort! Greg Harper, kannst du uns in all dem Gekreische überhaupt hören?“

„Hallo Bill! Hallo Justyna und Scott. Es ist in der Tat ein ohrenbetäubender Lärm hier, aber es sind viele hübsche Münder, die für dieses Gekreische verantwortlich sind. Hier zu meiner Seite stehen …“

Endlich schaltete Mike den Ton ab.

Und Rachel schrak wie aus einem Schlaf mit offenen Augen hoch.

„Außenteam! Melden Sie sich!", sprach sie ungeduldig in ihr Mikrofon. Mike stand neben Miss Parker und sah fassungslos auf seine erschrockene Chefin und die Monitore, die nichts weiter anzeigten als ein schwarzes Bildrauschen.

„Sie haben sie auf dem Gewissen!", klagte Mike Lynch seine Vorgesetzte mit leicht weinerlicher Stimme an. Dabei schluckte er, als müsse er die mühsam unterdrückten Tränen durch seinen Mundraum ableiten.

„Reißen Sie sich zusammen, Mike!", ermahnte sie ihn, während sie versuchte, wieder ein normales Bild auf die Monitore zu bekommen. „Es ist nichts passiert. Da bin ich mir sicher! Haben Sie einen Knall gehört? Oder Maschinengewehrsalven? Na also! Sie legen sofort Ihre Ausrüstung an, gehen da runter und schauen, was los ist!"

„Den Teufel werde ich tun!", widersprach der Youngster und ließ sich kraftlos auf einen der Stühle fallen.

Gerade wollte Rachel zu einer Standpauke allerersten Ranges ansetzen, als sich Richard meldete: „Teamleader? Bei uns ist alles okay! Wir sind wohlauf. Das waren nur Blendscheinwerfer. Bekommen Sie noch ein Bild von unseren Kameras?"

Rachel atmete auf. Und sie zeigte mit dem Finger auf Mike, zum Zeichen, dass sie Recht behalten hatte.

„Nein, auf den Monitoren ist alles schwarz."

„Dann sehen Sie genauso viel wie wir hier unten!", kalauerte Steve. „Die Blendscheinwerfer sind wieder aus, aber das Licht hat sich direkt in mein Gehirn gebrannt."

Und Richard fügte voller Sarkasmus hinzu: „Danke, Mister Johnson!"

„Sind Sie sicher, dass Johnson dort unten ist?“, fragte Miss Parker eilig nach.

„Nun, wir können ihn gerade nicht sehen … Aber seinem hämischen Lachen zufolge ist er kaum zehn Meter entfernt!“

Im selben Moment wurde das Lachen, das bislang leise im Lautsprecher zu hören war, lauter und boshafter!

„Was für ein Trauerspiel! Steve, Richard, ich bewundere euren Mut, doch für eure kläglichen Fähigkeiten habe ich nur Verachtung übrig!“, brachte sich Johnson ins Gespräch ein.

„Immerhin haben wir dich gefunden!“, versuchte Steve mit einer halbwegs angemessenen Erwiderung zu kontern … Und handelte damit wieder einmal entgegen Miss Parkers Anweisung.

„In der Tat, Steve! Das war auch ganz sicher allein dein Verdienst! Sag mal, ihr benutzt immer noch die XT-Kameras? Die verwandeln sich doch bei plötzlicher Helligkeit sofort in nutzlosen Schrott!“, demütigte Johnson den vorlauteren der beiden halbblinden Männer weiter. Der blieb daraufhin erschreckend ruhig …

„Hohoho! Steck die Waffe wieder ein, Jacobson! Du könntest Richard treffen“, posaunte er Steves zaghaften Versuch, sich trotz völliger Dunkelheit Christopher zu nähern, aus.

„Oder dich! Und dann wäre das hier verdammt schnell zu Ende!“, antwortete Steve, und diesmal klang es selbst für Mike Lynchs Ohren im Van nach einer offenen Rechnung.

Christopher lachte wieder, doch diesmal war es nicht so böse wie zuvor. Jetzt war es ein dunkles Glucksen, als könne er ein lautes, brüllendes Lachen kaum zurückhalten: „Hier unten ist mehr Thermit* vorhanden als euer Verein jemals

---

* Sprengstoff, der sehr heiß brennt und nicht mit Wasser zu löschen ist.

in die Luft gejagt hat. Ich an deiner Stelle wäre also sehr vorsichtig damit, einfach ins Dunkle zu ballern!"

Die Tatsache, dass niemand antwortete, bewies, dass Johnsons Worte ihre Wirkung nicht verfehlt hatten. Allerdings hatte auch jemand mitgehört, den Christopher wohl für einen Augenblick vergessen hatte. Und der meldete sich mit deutlich verstörter Stimme zu Wort.

„Wo-wozu brauchst du Thermit?", fragte ein irritierter Fred Longer.

„Mach dir keine Sorgen, Kumpel! Ich hab hier alles im Griff! Lauf einfach weiter. Konzentrier dich auf die Straße und auf deine Feinde. Du willst es ihnen doch immer noch heimzahlen?"

„Ja-ja, heimzahlen. Laufen, laufen!", sagte Fred Longer und beendete sein kleines sprachliches Intermezzo.

Was jedoch niemand sehen konnte: Christopher fuhr sich mit dem Daumen unbewusst über die Augenbrauen. Das hätte schief gehen können! Brian, alias Fred, durfte auf keinen Fall seinen Lauf erneut unterbrechen. Die bisherigen Zwischenspurts hatten seine Reserven bereits mehr als geplant reduziert. Brian musste im Rennen bleiben!

Christopher wusste, dass er nur immer weiter reden musste, um Brians Aufnahmefähigkeit zurück in den ursprünglichen, katatonischen Zustand zu befördern. Und er wusste, dass seine ehemaligen Kollegen seine Neigung zu langen Monologen kannten. Es war also an der Zeit, den Hauptteil seines Plans zu starten!

„Ich würde sagen, ...", begann er in einem Tonfall, der die Nebensächlichkeit seiner Aussage für alle spürbar machen sollte. Die folgenden Worte schmückte er natürlich mit der ihm eigenen Arroganz: „... dass wir eine klassische Patt-Situation haben! Ihr seid draußen und könnt nicht rein, und ich sitze drin und kann nicht raus. Wie sollen wir nur dieses vertrackte Problem lösen? Ah – ich weiß es! Ihr liefert mir einen Helikopter, in dem sich ein Koffer mit drei Millionen Dollar befindet – das ist nur ein Bruchteil dessen, was die Agency mir für meine Erfindungen schuldet – und ich liefere euch im Gegenzug die Formel, Entschuldigung, die verbesserte Formel, für die ausdauerfördernde Substanz. Dass das Zeug all Eure Erwartungen übertrifft, könnt Ihr ja gerade live erleben! Ihr braucht nur auf Fred Longer zu achten! Ein Läufer wie du und ich … Und doch viel besser! Dank meiner Substanz! Mein Genius versetzt die Leistungsfähigkeit des Menschen schon jetzt ins nächste Jahrhundert! Und ich weiß, dass Ihr scharf drauf seid. Ihr und die ganze verdammte Agency! Ich weiß, was Ihr gedacht habt, als heute früh der Anruf kam: Ihr hättet noch eine Rechnung mit mir offen! Weit gefehlt, denn *ich* bin es, der noch eine Rechnung mit der NSA offen hat! Und die, meine lieben Freunde, wird heute beglichen – so oder so!"

„Er war es selbst, der heute früh in der Agency angerufen hat?", fragte Mike ungläubig.

„Seinen Forderungen zufolge ist das für mich keine Überraschung mehr", entgegnete Miss Parker lakonisch. Inzwischen hatte sie es aufgegeben, doch noch ein verwertbares Bild auf die Monitore zu bekommen. Dabei wollte sie unbedingt Christophers Gesicht sehen!

„Und es erklärt auch, warum er seine Sprechverbindung zu Longer nicht verschlüsselt hat. Er wollte, dass wir ihn hören und orten können!"

Rachel war von Mikes plötzlicher Erkenntnisflut wenig beeindruckt.

„Mike, Sie müssen da runter! Sie sehen ja selbst, dass Richards und Steves Kameras kein Bild mehr liefern."

„Aber …"

„Das war kein Wunsch, Mike! Sie erinnern sich, was ein Befehl ist?“

Ohne ein weiteres Wort des Widerstands begann Mike Lynch, seine Ausrüstung anzulegen. Miss Parker hatte Recht behalten. Nichts war passiert. Johnson hatte ihnen mit den Blendscheinwerfern lediglich den sprichwörtlichen Schuss vor den Bug gegeben. Alles, was er jetzt entgegen Miss Parkers Anweisungen tat, würde seine Benotung in besorgniserregende Tiefen ziehen. Also fügte er sich ins Unvermeidliche und tat seinen Job. Als er den Helm samt Kamera angeschlossen hatte, schaltete er das Bild noch auf einen der freien Monitore, überprüfte die Sprechverbindung und verließ den Van.

Erst als er außerhalb des Wagens war und begann, hinüber zum Eingang zu laufen, ließ er sich zu einem kurzen „Yes, Mam!“ herab.

Rachel verfolgte, wie er sich dem Haupteingang näherte und kündigte Steve und Richard an, dass Mike gleich zu ihnen stoßen würde. Obwohl Johnson seine beiden Ex-Kollegen längst erkannt hatte, nannte sie Lynch nicht beim Namen sondern ‚Verstärkung‘.

„Dieser Kerl sitzt seelenruhig da“, gab Richard einen kleinen Lagebericht, während Christophers Monolog über die Lautsprecher an Rachels Ohren drang. Immer noch lamentierte Johnson über die ungerechte Behandlung durch die Agency, dass die NSA seine Erfindungen gestohlen hatte und so weiter. Sie schenkte dem kaum Gehör.

„Zu ruhig!“, ging sie auf Richards Bemerkung ein. „Das Thermit beunruhigt mich! Wozu braucht er das, wenn er uns mit C4* oder Selbstschussanlagen genauso gut auf Distanz halten könnte?“

* hochexplosiver Sprengstoff

Richard kommentierte das gewohnt sachlich.

„Thermit hat nur eine spezifische Eigenschaft: Es brennt unglaublich heiß."

„Das ergibt für mich keinen Sinn!"

„Vielleicht blufft er nur."

„Vielleicht. Unternehmen Sie nichts, bis Ihre Verstärkung da ist! Und versuchen Sie zu analysieren, inwieweit Thermit für Johnsons Flucht nützlich sein könnte."

„Die Situation hat sich geändert, Teamleader", meldete sich Steve zu Wort. Für Rachel überraschend, zeigte sein Tonfall keine Spur von Häme, als er sagte: „Durch das Thermit liegt eine Bedrohung vor, die den Einsatz eines SWAT-Teams zwingend erforderlich macht."

Rachel wusste, dass Jacobson Recht hatte. Ihr Team war ohne Zweifel eine Spezialeinheit. Ihre Ausbildung hatte sie zur Analyse von Daten befähigt, sie konnten als Unterhändler bei Geiselnahmen fungieren, sie alle waren Experten im Umgang mit Sprengstoff und kannten sich im Nahkampf aus. Eigentlich das gesamte Paket. Doch mit dem möglichen Einsatz von Thermit hatte Johnson den Bogen überspannt.

In dem Moment wurde es draußen laut. Das Geräusch von flirrenden Rotoren konnte nur zum Hubschrauber der State Police gehören. Rachel schenkte der Uhr einen kurzen Blick: 10.59 Uhr. Der Heli war pünktlich. Und laut genug, dass selbst Johnson im Keller ihn hören konnte. Miss Parker wies den Piloten an, den Motor des Hubschraubers abzustellen und sich zu ihrer Verfügung zu halten.

„Sieh an, mein Helikopter ist eingetroffen! Aber ich sollte wohl davon ausgehen, dass der nicht aufgrund meiner Forderungen hier ist?"

Christopher Johnson hatte die Frage rein rhetorisch gestellt. Doch Miss Parker sah den Zeitpunkt gekommen, einzugreifen. Sie drückte die Taste für Sprechverbindung

Nummer Zwei und sprach deutlich und akzentfrei. Die Stimmverfremdung würde ihren verbalen Auftritt auf dem Kanal, den Longer und Johnson benutzten, als Männerstimme darstellen.

Im Allgemeinen galt, dass sich Normalsterbliche, egal welchen Geschlechts, in Alltagssituationen lieber von weiblichen Stimmen leiten ließen. Das beste Beispiel hierfür waren Navigationssysteme in Automobilen. Von Psychopaten in Stresssituationen hingegen wurden nur männliche Stimmen als glaubwürdige und ebenbürtige Verhandlungspartner akzeptiert.

„Mister Johnson, natürlich hatten wir den Heli bereits geordert, ehe wir Ihre Forderungen kannten. Dennoch ist er nahezu voll getankt und steht zu Ihrer Verfügung."

Das sonst so schlagfertige Genie schien einen Moment verwirrt zu sein. Zumindest währte die Funkstille eine ganze Weile.

„Sie sind nicht Bart Lucas. Soviel ist klar!"

„Verunsichert Sie etwa ein neuer Spieler?", konterte Miss Parker.

„Ich möchte nur, dass sich alle Anwesenden meiner Prioritäten im Klaren sind."

„Dessen können Sie absolut sicher sein!"

Plötzlich gesellte sich Longers Stimme zu ihrem Gespräch.

„Chris, wer ist das?"

„Niemand, der dich beunruhigen müsste, Fred! Du musst dich nur auf den Lauf konzentrieren. Du weißt doch: Laufen, laufen!"

„Okay! Laufen, laufen! Ich bin ganz schnell!"

„Das weiß ich. Halt dich nur an den Plan!"

Longer antwortete nicht mehr, und Miss Parker sah auf Channel Five, dass die Nummer 368 immer noch einige Meter vor den Verfolgern lief. Es drohte ein ereignisloses

Rennen zu werden. Doch das war im Moment nicht ihre Sorge.

„Erschreckend, mit welch kindlicher Naivität Ihr Kumpan Ihren Anweisungen Folge leistet“, begann sie erneut zu taktieren, als Mike bei den beiden im Keller eintraf und endlich wieder Bilder von Johnsons Unterschlupf zu ihr in den Van schickte.

Die winzige Tür war geöffnet. Der Raum dahinter hatte, soweit sie das im Widerschein der Monitore erkennen konnte, pure Steinwände und zeigte keine Fenster oder weitere Türen. Hinter den Tischen saß – leibhaftig und ohne die Spur eines Zweifels – Christopher Johnson! Rachel schürzte ihre Lippen. Johnsons Bild wurde direkt auf der Festplatte des Videosystems gespeichert. Egal, wie das hier ausgehen würde: Johnson war hier, und ihr Team hatte ihn in der Falle!

„Sie sollten mich nicht reizen!“, tönte Johnsons Stimme aus den Lautsprechern und Rachels Head-Set.

„Das läge mir auch fern“, antwortete sie und legte sofort nach: „Zumal ich um Ihren schweren Verlust weiß!“

Sofort kam ein Einwurf über Kanal Eins.

„Was wollen Sie damit erreichen?“, zischte ihr Richard ins Ohr. „Rufen Sie endlich die SWAT-Einheit! Sollen die das doch übernehmen! Wir haben ihn gefunden und gestellt! Die Formel gibt er uns später …“

Miss Parker ließ Brunners Meinung unkommentiert. Stattdessen reizte sie Johnson weiter.

„Sie wollen drei Millionen Dollar wert sein? Sie sind nicht einmal in der Position, um Forderungen zu stellen! Bei aller Begabung, die Sie scheinbar besitzen, glaube ich nicht, dass Sie aus einem Raum ohne Tür entkommen können. Früher oder später werden wir Sie in Handschellen abführen! Dann ist es nur noch eine Frage der Zeit, bis wir die Formel von Ihnen erfahren. Garantiert können Sie sich erinnern, dass die Agency über Mittel und Möglichkeiten verfügt, jeden gefügig zu machen."

„Das ist wohl wahr", entfuhr es Mike ungewollt über Kanal Eins.

Auch Johnson schien das gehört zu haben.

„In Ihrer Arroganz glauben Sie, alles über mich zu wissen, meine nächsten Schritte zu erahnen und übersehen dabei eine Möglichkeit, die all Ihre Pläne zu Asche werden lässt!", stellte er seinen Belagerern wie nebenbei eine Denksportaufgabe.

„Das Thermit!", erkannte Richard nicht halb so leise, wie er es gewollt hätte.

„Genau Richard!", sagte Christopher mit einem bedrohlich dunklen Unterton. „Du warst schon immer der beste Analytiker in dieser Truppe ... Nach mir, versteht sich! Aber erkennst du auch die weiteren Konsequenzen?"

Richard war sprachlos. Doch er war nicht der einzige, der stumm blieb. Auch Mike und Steve wagten nichts zu sagen. Entweder hatten sie die Drohung nicht verstanden, oder sie waren ebenso erschüttert wie Richard. Dieser Plan war verrückt! Doch ihn von Christopher Johnson zu hören, machte ihn auf erschreckende Weise glaubwürdig. Schließlich brach die andere Männerstimme, die zu Rachel gehörte, das Schweigen.

„Das ergibt keinen Sinn, Mister Johnson! Wenn Sie sich selbst töten, haben Sie weder etwas von den drei Millionen, die wir Ihnen in den Helikopter legen werden, noch von den einhundertfünfzigtausend Dollar, die Fred Longer mit sehr hoher Wahrscheinlichkeit erhalten wird."

Christophers Stimme blieb dunkel, als er antwortete.

„Sie verkennen die Situation! Ich bin seit Jahren auf der Flucht. Meine Familie ist tot, meine Frau ist tot. Ich kann keinen Beruf ausüben, lebe ohne Pläne. Mein Leben ist offensichtlich sehr weit davon entfernt, glücklich zu verlaufen. Sollte sich die Übergabe nicht so gestalten, wie ich es geplant habe, dann würde ich damit die letzte Perspektive verlieren. Mein Tod wäre also nur folgerichtig! Und wenn Sie meine Akte gelesen haben, sollten Sie um meine Affinität zu logischen Handlungen wissen. … Auf der anderen Seite würden Sie die letzte Chance verlieren, in den Besitz der Formel zu gelangen!“

Rachel schaltete Sprachkanal Zwei aus, um allein für die Ohren ihres Teams zu kommentierten: „Genie und Wahnsinn liegen wahrhaft dicht beieinander. Doch ich bin mir sicher: Er blufft!“

Mike, Richard und Steve erwiderten nichts darauf. Scheinbar hatten sie erkannt, dass Johnson jedes ihrer Worte verstehen konnte. Miss Parker indes agitierte weiter. „Gehen wir also davon aus, dass er uns nur irreführen will. Dann wäre er doch in Wirklichkeit in einer äußerst defensiven Position, oder nicht, meine Herren?“

Natürlich war auch diese Frage rein rhetorischer Natur. Und Rachel legte sofort nach.

„Sie haben mir doch vorhin unterstellt, ich würde Johnson nur für meine Karriere jagen? Nun gut. Wer mir jetzt hilft, kommt mit mir nach Fort Meade! Mike?“

Keine Sekunde war vergangen, als Steve antwortete: „Das wäre dann wohl mein Job!“

Richard raunte ihm zu: „Nein, Steve!“

„Ich hänge schon viel zu lange in dieser Außenstelle fest! Und meine Chancen, endlich befördert zu werden, liegen in Boston nahe bei Null!“

„Denk an Bart! Was würde er tun?“

„Bart ist nicht hier!“

„Gut gesprochen, Steve!“, feuerte ihn Miss Parker weiter an und kam nun wirklich zur Sache: „Schießen Sie Johnson in die Schulter – oder in beide – Hauptsache, er kann den Knopf nicht mehr drücken, um sich und damit die Formel zu verbrennen! Aber zielen Sie gut! Ich will ihn lebend!“

Miss Parker wusste, dass Steve derjenige sein würde, der ihrer Aufforderung Folge leistete. Und sie kannte ihn gut genug, um außerdem zu wissen, dass er frei von Skrupeln war. Sie hörte, wie Richard versuchte, seinen Kollegen zurückzuhalten, doch das Bild aus Mikes Kamera hielt deutlich sichtbar fest, wie der ewige Rebell Steve Jacobson bei der kleinsten Aussicht auf Beförderung seine Ideale vergaß und zu Miss Parkers Instrument wurde. Mit einer kurzen Drehung schwang er sich um den Flügel der kleinen Metalltür herum, zielte und schoss über die Bildschirme hinweg auf Johnson. Zwei Kugeln verließen Jacobsons Waffe und rissen Christopher Johnson in das Dunkel des Kellerraums.

Drei, vielleicht vier lange Sekunden vergingen, ehe Miss Parker als erste reagierte: „Los Hinterher! Nehmen Sie ihn fest …“

Doch in dem Moment trat Johnson zurück in den Schein der Bildschirme. Er stand nur da, leicht gekrümmt und hielt sich die rechte Schulter, doch keiner der drei Agenten im Vorraum wagte einen Schritt.

Bis ein wohlbekanntes, metallisches Knarren ertönte und die drei zurückweichen ließ. Miss Parker musste auf dem Monitor mit ansehen, wie die Tür sich langsam wie von Zauberhand schloss und ihre Männer sich währenddessen weiter zurückzogen.

„Unternehmen Sie etwas! Stellen Sie was dazwischen, halten Sie ihn auf!“, rief sie beinahe hysterisch.

„Hier unten ist nichts, was wir dafür nehmen könnten!“, antwortete Richard fassungslos.

„Stellen Sie Ihren Fuß dazwischen!“

„In eine schwere Metalltür, die sich automatisch schließt?“

„Mein Gott, tun Sie doch irgend etwas!“

Doch nichts geschah. Weder Mike noch Steve unternahmen einen Versuch, den Schließvorgang der Tür aufzuhalten. Sie alle sahen nur zu, wie der Spalt zwischen den Türflügeln immer schmaler wurde und schließlich mit einem finalen Dröhnen vollends verschwand. Es folgte noch ein kurzes, metallisches Klacken, als würde ein schwerer Riegel vorgeschoben, dann war Stille.

Nur Richard sprach ganz leise in sein Helmmikrofon. „Sehen Sie jetzt endlich ein, dass wir ein SWAT-Team brauchen?“

Miss Parker blieb jedoch still. Sie blickte nur auf den Monitor und auf die geschlossene Tür.

„Sie haben Recht!“, gab sie endlich zu. „Ich rufe Verstärkung.“

Doch sie kam nicht dazu, denn Johnson begann, so laut zu schreien, dass selbst die drei Agenten im Vorraum ihn durch die massive Tür deutlich verstehen konnten. Eilig regelte Rachel die Lautstärke an ihrem Head-Set herunter. Zugleich leitete sie den Sprachkanal Zwei, auf dem sich Johnson und sein Läufer unterhielten, auf Kanal Eins um.

„Ihr habt mir nur bewiesen – Scheiße, Steve, tut das weh – dass mein Plan nicht funktionieren würde. Ihr kennt keine Skrupel, selbst einem alten Kollegen gegenüber! Nur zwei Patronen habt ihr für mich übrig? Nach all den Jahren?“

Er unterbrach sich, doch was sie hören konnten, klang nach einem unterdrückten Schmerzensschrei.

„Ihr habt zugelassen, dass Helen sterben musste, Ihr habt mir mein Geld verweigert, Ihr verweigert mir mein Leben!“

Zum Ende des Satzes hatte sein Schreien eine hysterische, unkontrollierte Form angenommen, doch lag die Mutmaßung nahe, dass das dem Schmerz seiner Verletzungen zuzuordnen war.

„Ihr wollt die Formel? Ihr habt sie nicht verdient!“, begann er erneut. Seine Stimme klang nicht mehr verbittert, wie zu Beginn. Nun trugen seine Worte nur noch Wut in sich. Offensichtlich drohten Johnsons bislang sorgsam im Zaum gehaltene Emotionen überzulaufen. Bis …

„Chris, was tust du da?“, konnten alle Longers Unverständnis hören.

„Fred, alter Kumpel. Das musst du jetzt alleine schaffen! Versprich mir, dass du weiterläufst! Du gewinnst für uns beide – versprichst du mir das?“

„Ja, aber …“

„Kein aber! Lauf den Marathon zu Ende, und gewinn ihn! Solange du auf der Strecke bleibst und in der Spitzengruppe läufst, bist du sicher vor ihnen. Sie werden es nicht wagen, dich vor Millionen von Zuschauern anzugreifen. Und wenn du im Ziel bist, wird die Substanz verbraucht sein, und sie können dir nichts mehr tun!“

Rachel sah auf den Monitor des Fernsehsenders und konnte beobachten, dass Nummer 368 immer noch lief, doch dabei immer langsamer wurde. Die Verfolgergruppe holte auf. Kein Wunder, dass er das Gehörte nur schwer verarbeiten konnte.

Sie schaltete ihr Head-Set wieder frei und sprach ruhig hinein: „Johnson, wir können das immer noch regeln. Sie müssen das nicht tun!“

Doch seine Antwort ließ keinen Zweifel darüber aufkommen, dass seine Entscheidung endgültig gefallen war. Zugleich klang es so, als könne er absolut sicher sein, dass sein ‚Kumpel‘ den Lauf allein aufgrund seines Wunsches zu Ende bringen würde.

„Ich hätte Euch eine Flucht präsentiert, die es in die Lehrbücher der Agency geschafft hätte! Ich wäre eine Legende geworden. Doch ihr habt Recht: Ich werde niemals Ruhe finden. Die NSA, das FBI, alle werden mich immer weiter jagen. Dann ist es besser, ich trete dann ab, wenn ich noch bestimmen kann, *wie* es passiert!"

Dann wandelte sich der Klang der gepresst hervorgebrachten Sätze in Schadenfreude.

„Aber die Formel für die Dopingsubstanz nehme ich mit! Es gibt keine Reserven, nach denen Ihr suchen könntet, kein geheimes Labor mit meinen Unterlagen. Die Formel befindet sich einzig und allein in meinem Kopf. Fred Longer weiß gar nichts! Und die Substanz in seinem Körper baut sich Sekunde für Sekunde ab. Während des Laufes könnt Ihr nicht zu ihm, und wenn er in cirka vierundsechzig Minuten das Ziel passiert hat, ist alles vorbei! Weder in Longers Körper noch auf dem gesamten restlichen Planeten werdet Ihr ein Molekül meiner Substanz finden! Und diese Tatsache erfüllt mich mit grenzenloser Genugtuung!"

Rachel sah auf die Uhr. Es war 11.04 Uhr und zwölf Sekunden.

Auf Channel Five wurde aus allen Kamerapositionen gezeigt, wie die Verfolgergruppe Fred Longer erreichte und ihn ohne dessen geringste Gegenwehr passierte.

„Chris?", kam Longers Stimme erneut durch den Äther, und es klang noch kläglicher und erschrockener als sein Ausruf zuvor.

„Leb wohl, mein Freund", antwortete Johnson ruhig.

Rachel reagierte sofort.

„Raus da! Verlassen Sie den Keller! Sofort!", schrie sie in das Head-Set-Mikro. Auf dem Monitor, der die Bilder von Mikes Helmkamera übermittelte, konnte sie erkennen, dass ihre Männer dem Befehl sofort nachkamen. Die wackeligen Bilder zeugten kaum von einem geordneten Rückzug, vielmehr von einer kopflosen Flucht. Als sie den Fuß der Treppe ins Erdgeschoss erreicht hatten, hörten alle ein dumpfes

Donnergrollen, und Mike richtete Kopf und Kamera auf die Tür zurück. Die wurde heller, gelblich, das Metall schien zu glühen. Als es in der Mitte weiß wurde, wandte sich Mike Lynch ab und hastete seinen Kollegen hinterher, hinaus aus dem Gebäude ins Freie. Erst dann gab es einen zweiten, helleren Knall, und Mike schaffte es gerade noch, sich auf Steve und Richard zu werfen, sie zu Boden zu reißen und vor der Hitzewelle, die über sie hinweg fegte, in Sicherheit zu bringen.

Als er sich, immer noch liegend, umwandte und zurück auf Claflin Hall blickte, sah er, dass der Druck selbst die schwere Eingangstür des Gebäudes halb aus den Angeln gerissen hatte.

„Mein Gott", stammelte er, als er sich ebenso wie die neben ihm liegenden Brunner und Jacobson wieder aufrichtete.

Gemeinsam blickten sie auf Claflin Hall, die schräg in den Angeln hängende Eingangstür und den dunklen Flur dahinter.

Endlich hatte es aufgehört zu regnen. Doch die wenigen Sonnenstrahlen, die sich durch die aufreißenden Wolken wagten, konnten die drei nicht wärmen. Sie alle schienen nur eines zu denken: Das gesamte Training für alle möglichen Situationen war hier und jetzt nichts wert. Kaum eine Situation zuvor hatte sie darauf vorbereitet, den Tod eines alten Freundes verschuldet zu haben. Und es war wenig tröstlich, dass es eigentlich Christopher Johnsons freier Wille war, sich für diesen Weg entschieden zu haben. Gemeinsam hatten sie ihn schließlich erst so weit getrieben! Mike, Steve und Richard standen stumm auf dem nassen Rasen und hielten die Köpfe gemeinschaftlich gesenkt.

Miss Parker hatte den Van verlassen und war zu ihnen getreten. Langsam ging sie um die drei Männer herum und baute sich vor ihnen auf, neigte den Kopf zur Seite und wartete, bis alle drei sie ansahen.

„Sie haben Johnson gehört: Wir haben noch eine Stunde, um an die Substanz zu kommen!“

7

„Bill, haben Sie eine Erklärung dafür, was mit Fred Longer los sein könnte? Seit zwei Minuten läuft er nur noch apathisch vor sich hin starrend am Rand der Strecke entlang. Die Spitzengruppe ist ihm auf achtzig Meter enteilt, und er startet keinen Versuch, an dieser Situation etwas zu ändern!"

„Scott, niemand außer ihm weiß, was dafür der Grund ist. Zuerst glaubte ich, er wäre nur ein Hase für die zweiten zehn Meilen. Offensichtlich habe ich mich geirrt! Doch was er jetzt treibt, sieht zumindest nicht nach irgendeiner genialen Taktik aus. Immerhin scheint Longers verhaltenes Tempo nicht von körperlicher Schwäche herzurühren."

„Hoffen wir für ihn, dass er ins Rennen zurückfindet, denn nach dem bisherigen Verlauf kann ich nur sagen: Was wäre der heutige Marathon ohne Nummer 368?"

Brian war, als befände er sich unter Wasser. Nicht im Sinne eines Ertrinkenden! Er erinnerte sich jedoch an eine Situation in seiner Badewanne. Er hatte tief Luft geholt, sich die Nase zugehalten und war mit dem Kopf unter Wasser getaucht. Alle Geräusche wurden dumpfer und leiser, alles Schrille und Laute wurde durch das Wasser gefiltert und drang nicht an seine Ohren. Es war ein Moment völliger Geborgenheit und Vergänglichkeit zugleich. Schließlich musste Brian irgendwann auftauchen, sein Gesicht über den Wasserspiegel heben; zurück in die laute und schrille Welt. Es war eine innere, wohlbekannte Unruhe, die ihn auch jetzt dazu zwingen würde. Und diese Unruhe, das wusste er, war so stark, dass sie ihn mitreißen würde. Die Geborgenheit seines stumpfen Reagierens, seines Laufens, Laufens, Laufens und seiner tumben Euphorie war Vergangenheit, als er das ferne Kreischen der Wellesley-Mädchen in seinem Rücken kaum noch zu hören vermochte. Dabei war es lauter als alles andere, seit er Hopkinton verlassen hatte.

Fortan musste er immer nur an eines denken: „Chris!"

Brian war geschockt. Er empfand nur Leere, wo sein Magen, sein Mittelpunkt hätte sein müssen. In seiner Not dachte er an Elaine, aber auch sie konnte ihm jetzt nicht helfen. Er lief weiter, doch er nahm es nicht wirklich wahr. Und immer wieder fragte er sich: Was hatte Chris nur getan? Verdammt! Warum in aller Welt hatte er das getan? Sie hatten den Plan Dutzende Male bis ins kleinste Detail durchgesprochen ... Dieses Ende gehörte nie dazu!

„Chris?"

Leise sprach er in sein Nasenflügelmikrofon. Brian hoffte auf eine Antwort, lauschte sehnsüchtig auf so etwas wie ein: „Hey, Kumpel!"

Doch die Sekunden vergingen, und die Hoffnung schrumpfte mit jedem Augenblick.

Die Erkenntnis kam über ihn wie ein Hurrikan, der sich mit einem Erdbeben zu vereinigen schien. Für einen Moment hatte Brian das Gefühl, alles um ihn herum würde wanken. Tatsächlich war es nur seine eigene Erschütterung. Wie ein Schüttelfrost zog sie ihm sämtliche Kraft aus den Muskeln. Er kam wie ein kleiner, stolpernder Junge zum Stehen. Doch selbst das war jetzt zu viel für ihn. Langsam, fast balancierend, ging Brian in die Hocke, um dann sein rechtes Bein leicht vom Körper abgespreizt hinzuknien. Erst jetzt glaubte er eine halbwegs sichere Position gefunden zu haben.

CHRIS WAR TOT!

Keine noch so sichere Haltung konnte ihn vor dem Schock dieser Aussage bewahren. Sein Freund war fort ... Es fiel ihm schon unendlich schwer, die Tatsache an sich zu akzeptieren. Und dann erst die Art seines Ablebens – es war so unglaubwürdig, so verkehrt! Schweigen in seinem Ohrenpiercing. Längst hatte er aufgehört, auf eine Antwort zu hoffen.

Brian rappelte sich auf und schrie aus Leibeskräften: „CHRIS!“

Seine Wut, seine Trauer musste hinaus! Gebündelt, kraftvoll, trotzig, verzweifelnd …

Die Furt aus Zuschauern johlte, feuerte ihn – IHN? – an, forderte ihn auf, weiterzulaufen, zu kämpfen, nicht aufzugeben …

„Was wisst Ihr denn“, dachte Brian, und begann dennoch seine Füße wieder voreinander zu setzen. Wie in stummer Trance wurde er schneller, ließ sich von dem lauten Tunnel um ihn herum tragen, vorantreiben, anschieben …

Und dann begann er, wieder Gesichter zu sehen, Münder, Augen und Haare zu unterscheiden. Die Masse um ihn herum verlor ihre Anonymität. Er konnte die Anfeuerungen den Rufern zuordnen, sah das Fahnenmeer derer, die in zweiter Reihe standen oder liefen und hörte seinen Namen – sein Pseudonym.

„Fred, lauf, lass dich nicht unterkriegen!“

Wildfremde Menschen schienen an ihn zu glauben – so, wie Chris das getan hatte. Steifbeinig lief er weiter. Brian erkannte, dass es ihm nicht die geringste Anstrengung bereitete. Doch interessierte ihn diese Tatsache jetzt ebenso wenig, wie das Rattern des Helikopters über ihm oder das Summen des Motorrades mit dem Kameramann, das ihm mit nahezu gleich bleibendem Abstand vorausfuhr.

Der Schock war vergangen – Brians Trauer wurde jedoch noch stärker. Er musste nur an Chris denken. Immer wieder! Und immer wieder erinnerte er sich an die Abende, die sie zusammen saßen und ihren Coup planten. Ein genialer Plan, wie sie angenommen hatten … Ein todsicherer Plan!

Ach, Chris! Verdammter, arroganter, liebenswerter Kumpel!

Jedes noch so kleine Detail sah Brian plötzlich vor seinem geistigen Auge. Und damit auch die von Christopher so leidenschaftlich gehasste Agency. Wie oft war Chris ausgerastet, wenn er nur über die NSA gesprochen hatte! Wie oft hatte er Helen erwähnt, das Geld, das sie hätte retten können, das sie, die NSA, ihm immer noch schulden würde! Und jedes Mal hatte er dabei sein verräterisches Zeichen gezeigt: Wenn er sich mit den Fingern über die Augenbrauen strich, dann zeugte es von Stress, Ärger, Zorn, Wut.

Hatte Chris aus Wut seinem Leben ein Ende bereitet? Doch warum hatte sein Freund überhaupt scharfe Thermitladungen in dem Keller platziert? Hatte er befürchten müssen, dass allein die Warnung vor Thermitbomben ein geschultes SWAT-Team nicht hätte täuschen können?

Chris' Vorbereitungen zeugten von seinem Genie. Sein Ende indes bewies das Gegenteil! Brian erinnerte sich, dass Chris' ursprünglicher Plan vorsah, sich das Geld in den Keller liefern zu lassen, der Agency den Rückzug zu befehlen und dann, wenn die Agenten Claflin Hall verlassen hatten, durch einen Geheimgang im Erdgeschoss zu entkommen. Zumindest hatte Chris dies Brian so erzählt. Das Thermit hatte er jedoch mit keinem Wort erwähnt!

Brian hatte vor Gram seine Handflächen über die Augen gelegt und erst dann realisiert, dass er ja noch immer lief. Wie von selbst bewegten sich seine Beine. Fast erschrak Brian über diese Tatsache, doch die daraus resultierende Wahrnehmung war noch unerwarteter: Seine Trauer unterdrückte die bislang unvermeidbare Euphorie fast vollständig. Was die zuvor von Christopher geschürte Wut nur teilweise bewirkt hatte, gelang dem Gefühl unendlicher Trauer hingegen ohne spürbare Einschränkung: Brians Wille, seine Fähigkeit, Dinge logisch einschätzen zu können, war zurückgekehrt!

Und diese Empfindung kam so tief aus seinem Innersten, dass nicht einmal das fade Wohlgefühl dieser Erkenntnis es vermochte, der Euphorie neue Nahrung zu geben. Christopher Johnson, sein ältester und bester Freund, war fort. Brian hatte Helen gekannt, und er konnte verstehen, wie hart ihr Verlust für Christopher gewesen sein musste. Nun konnte er jedoch jede Nuance dieses dumpfen und steten Schmerzes nachempfinden, wenn ein geliebter Mensch gegangen war! Mehr noch: Das Schicksal musste scheinbar unbedingt den Moment wählen, in dem Brian nicht in der Lage war, ihm zu Hilfe zu kommen oder den Fortgang der Dinge in irgendeiner Form zu beeinflussen. Ihre unerschütterliche, gegenseitige Loyalität hätte, zu einem anderen Zeitpunkt vielleicht, das Blatt wenden können. So aber hielten sich zwei Gefühle in seinem Gewissen die Waage: die Scham, nicht geholfen zu haben, und der Kummer, dazu nicht in der Lage gewesen zu sein.

Wenn Chris tot war – Brian hoffte inständig, dass dem nicht so war, doch er gestand sich ein, wenig Hoffnung zu haben – wenn sein Freund also wirklich tot war, dann war auch ihr Plan gescheitert! Aber diese Erkenntnis konnte seine Depression kaum verstärken.

Sie steigerte allerdings seinen eigenen Hass auf die Agency. Sie allein war schuld! Musste schuld sein! Musste dafür büßen!

Bei diesem zutiefst unchristlichen Gedanken fuhr ihm ein kalter Schauer durch den Körper. Ihr Plan war gescheitert! Aus. Vorbei. Er sollte es dabei belassen und aussteigen. Hier und jetzt den Schlussstrich ziehen.

Er war sowieso nicht in der Position, Rache an Christophers Jägern zu nehmen. Wie auch? Sie waren in der Mehrzahl, waren besser ausgerüstet und kannten offensichtlich keine Skrupel, an die Formel für die Substanz …

Brian rief sich Chris' letzte Worte ins Gedächtnis:

„Lauf den Marathon zu Ende, und gewinn ihn. Solange du auf der Strecke bleibst und in der Spitzengruppe läufst, bist du sicher vor ihnen. Sie werden es nicht wagen, dich vor Millionen von Zuschauern anzugreifen. Und wenn du im Ziel bist, wird die Substanz verbraucht sein, und sie können dir nichts mehr tun!"

Christopher hatte ihm mit diesen Sätzen quasi die Zielscheibe auf die Brust gemalt! Schließlich hatte die Agency mitgehört! Hatte Chris nicht bedacht, was er ihm damit antat? Oder, und das war Brians zweiter Gedanke, hatte er vielmehr vorhergesehen, dass sein Kumpel nach dem Tod seines Freundes schwach werden würde und ihn so davor bewahren wollen, einen Fehler zu machen? Je länger Brian darüber nachdachte, umso fester war er davon überzeugt, dass Christophers Handeln allein von Logik bestimmt war. Selbst im Moment des unausweichlichen Todes hatte sein Freund zuerst an ihn und seine Sicherheit gedacht!

Freilich: Sein Körper war die letzte Chance für die NSA, in den Besitz der Substanz zu gelangen, doch zugleich wurde ihm bewusst, dass nicht einmal ein Geheimdienst es wagen würde, ihn vor Millionen von Zuschauern zu attackieren!

Würde er von der Laufstrecke abweichen, den Lauf aufgeben und somit den sicheren Pfad verlassen – sie würden ihn garantiert aufspüren, fangen, ihm Blut abzapfen und sich damit der Substanz bemächtigen. Brian war nicht bereit, den Agenten der Agency diese Genugtuung zu gönnen. Wie Christopher gesagt hatte: Er hatte nur eine Chance, wenn er weiterlief, wenn er in der Spitze und somit im steten Fokus der Fernsehkameras blieb.

Brian sah sich nach eventuellen Verfolgern um, orientierte sich dann an der ihm inzwischen auf weit mehr als hundert Meter enteilten Spitzengruppe und erhöhte geringfügig sein Tempo.

Zum ersten Mal seit Hopkinton sah er auf Chris' Hinterlassenschaft an seinem Handgelenk. Seit dem Startschuss waren genau achtundsechzig Minuten vergangen. Brian glaubte sich zu erinnern, vor nicht allzu langer Zeit den Meilenstein Vierzehn passiert zu haben. Sein Miniaturcomputer am Handgelenk prognostizierte ihm, dass die Substanz für weitere sechzig Minuten reichen würde. Natürlich vorausgesetzt, er würde sich nicht überanstrengen! Doch die Gefahr bestand, nun, da er wieder Herr seiner Sinne war, vorerst nicht. Wenn er bei seinem Aufholmanöver vorsichtig zu Werke ging, blieb ihm sogar noch ein ordentlicher Sicherheitspuffer. Noch konnte er den Boston Marathon gewinnen!

Was hatte Chris gesagt?

„Lauf den Marathon zu Ende, und gewinn ihn!"

Für seinen Freund wollte er es versuchen! Ja, Chris hätte es gefallen, wenn er am Ziel das Geld kassieren würde. Statt der von Chris geforderten drei Millionen von der NSA blieben ihm nur die einhundertfünfzigtausend Dollar Siegprämie, doch die, so glaubte er, waren ihm immer noch sicher. Die zu erwartenden Widrigkeiten schienen Brian zu diesem Zeitpunkt überschaubar. Und danach? Schließlich hatte Chris ihm in weiser Voraussicht eine zweite Identität gegeben! Zur ‚Preisübergabe' musste Brian lediglich die richtige Kontonummer angeben, um Fred Longer danach auf dem schnellsten Wege verschwinden zu lassen. Und für dieses Kunststück existierte natürlich ein gut ausgearbeiteter Plan!

Als wollte das Universum ihm für den neuen Streckenabschnitt maximale Unterstützung gewähren, tauchte vor ihm einer der sechs Wasserausgabeplätze auf. Längst war er auf der Washington Street, und es schien ihm, wie bei jedem der anderen Male unter dem Einfluss der Droge, befremdlich, kaum etwas von der bisherigen Strecke mitbekommen zu haben. Brian lief dicht an die Helfer heran, ließ sich einen Wasserbecher reichen und trank ihn, ganz Profi, mit Leichtigkeit während er weiterlief. Drei, vier Schlucke genügten, um ihn zu erfrischen. Zum ersten Mal nahm er wahr, dass es aufgehört hatte zu regnen und die Sonne ihn wärmte. Ein Kitzeln auf seinen Wangen ließ ihn sich unbewusst über sein Gesicht streichen. Erst jetzt merkte er, dass es feucht war und dass der Grund dafür nicht der Regen war. Er rieb sich die Wangen, und das Kribbeln des trocknenden Salzwassers ließ nach.

Er lief! Nach und nach hatte er Läufer passiert, die aus der Spitzengruppe zurückgefallen waren. Und wie nebenbei erkannte er, wie leicht es ihm gefallen war, sie zu überholen, ihnen davonzulaufen. Sicherlich waren das nur so genannte Hasen, eingekaufte Läufer, die für die Besten der Besten die Zugmaschine auf den ersten Meilen spielen und ihnen den Windwiderstand verringern sollten. Doch auch diese Hasen würden den Marathon unter zwei Stunden und fünfzehn Minuten beenden! Und Brian flog an ihnen vorbei, als wäre das gar nichts!

Er atmete tief durch. Dann schätzte er seinen Abstand zur Spitzengruppe und entschied, sein Tempo weiter zu erhöhen. Das Summen des Motorrads vor ihm wurde lauter, denn auch der Fahrer musste seine Geschwindigkeit anpassen. Der Kameramann, der rücklings auf dem Sozius saß, hielt die Cam weiter genau auf das Gesicht von Fred Longer. Doch Brian versuchte, sich nur auf seine Atmung, seine Schritte und auf die Straße vor sich zu konzentrieren. Als er jedoch bemerkte, dass der Helikopter des Fernsehsenders sich von der Spitzengruppe zurückfallen ließ, um direkt über ihm in einer Höhe von ungefähr zweihundert Metern die Position zu halten, da wusste er, dass die Welt wieder auf ihn blickte: Nummer 368 war zurück im Rennen!

Richard wusste, dass Miss Parker resolut sein konnte. Doch die Entschlusskraft, mit der sie die drei Agenten in den Van zurück getrieben hatte, grenzte schon an Fanatismus! Noch bevor einer der Männer das Wort zum Widerspruch erheben konnte, saßen sie alle im Wagen, und Richard Brunner fuhr parallel zur Laufstrecke der Spitzengruppe hinterher. Rachel Parker hatte sich erneut die Karte herangezogen und studierte haargenau die nähere Umgebung entlang des Marathonkurses, verarbeitete die Informationen, die sie aus dem Fernsehen über die derzeitige Position der Spitzengruppe erhielt und errechnete einen Abfangkurs.

„Was ist mit Johnson?", fragte Steve.

„Ich habe Feuerwehr und Spurensicherung bereits nach Wellesley beordert!", antwortete Rachel.

„Das meinte ich nicht! Ich hätte erwartet, dass er noch einen alternativen Fluchtplan besitzen würde. Die Möglichkeiten Flucht per Hubschrauber oder Selbstmord sind doch arg begrenzt!", verdeutlichte Steve seine Zweifel.

„Soviel ich weiß, hätte Johnson einen Helikopter fliegen können", entgegnete Miss Parker.

„Tatsächlich?", fragte Richard erstaunt.

„Wundert Sie das etwa?", fragte Rachel zurück.

Steve schien zu überlegen.

„Er hatte mal so was erwähnt. Seine Freundin hätte ihm das beigebracht …"

„Eindeutig war Christopher ein Mann mit vielen Talenten", gab Brunner zu. Steve griff seine Bedenken wieder auf: „Dennoch! Es muss einen zweiten Weg aus diesem Gemäuer geben – einen Geheimgang oder so!"

Rachel nickte Jacobson zu: „Guter Ansatz! Mike? Sie rufen die Grundrisspläne des Tower Court aus dem Zentralarchiv auf! Schauen Sie, ob Sie neuere Pläne finden. Laut Steve enthielten die Originalpläne keine Geheimgänge. Prüfen Sie es trotzdem noch mal! Wenn Sie etwas finden, was uns weiterhilft, rufen Sie!"

Damit schien das Thema für sie abgeschlossen zu sein, denn sogleich sprach sie Richard Brunner im Fahrerhaus an: „Sehen Sie zu, dass wir von der Worcester Road links in die Cedar Street abbiegen. Wir sollten dann vor Longer an Meilenstein Sechzehn sein."

Dann wandte sie sich an Lynch.

„Longer kann mich noch hören, wenn ich Sprechkanal Zwei verwende?"

Mike nickte. „Er muss wie Johnson über Sende- und Empfangseinheit verfügen. Er wird Sie also hören können."

Rachel blickte zum TV-Bildschirm, sah dort den Läufer mit der 368 auf der Brust und sagte leise, aber doch laut genug, dass Steve und Mike es verstehen konnten: „Versuchen wir es zuerst einmal im Guten!"

Sie schaltete den Kanal frei und sprach wieder mit ihrer elektronisch veränderten Männerstimme.

„Mister Longer, ich möchte Ihnen sagen, dass es mir leid tut, was gerade geschehen ist."

Sie ließ eine kurze Pause und wollte gerade fortfahren, als die Antwort aus den Lautsprechern des Vans kam.

„Wer auch immer Sie sind – Sie können mich kreuzweise!"

Dazu streckte er seinen erhobenen Mittelfinger der nächsten Channel-Five-Kamera entgegen.

Die Vier im Van hörten ihn noch etwas murmeln, dann endete die Verbindung wie abgeschnitten. Scheinbar hatte Longer ausgeschaltet.

„Also auf die harte Tour!“, resümierte Miss Parker und wandte sich ihren Männern zu. Mike und Steve standen direkt hinter dem Fahrerhaus.

„Wie Sie sicherlich unschwer erkannt haben, hat sich unser Primärziel geändert. Da wir davon ausgehen können, dass uns Johnson bezüglich der Verfügbarkeit seiner Droge die Wahrheit gesagt hat, müssen wir uns seinen Läufer schnappen.“

Richard schaute konzentriert auf die Straße und lenkte den Van mit höchstmöglicher Geschwindigkeit in Richtung Meilenstein Sechzehn. Doch er konnte nicht anders, als ihr zu widersprechen.

„Nur kannte Johnson als Insider die erste Direktive: Zugriffe, Razzien und Überwachungen sind uns nur erlaubt, wenn sie den öffentlichen Ablauf nicht be- oder verhindern und ohne Verlust des Ansehens der Agency geschehen können! Genau dagegen müssten wir verstoßen, wenn wir uns vor aller Augen auf Longer stürzen!“

Rachel konnte die Rebellion aus Brunners Worten hören. Der Dienstälteste war immer noch aufgebracht. Seine Stirnfalten hatten sich vertieft, seine Mundwinkel wanderten südwärts. Er fand ihre kalte Professionalität widerlich. Als er sich jedoch kurz umblickte, um seine Ablehnung mit einem energischen Blick in ihre Richtung zu bekräftigen, erkannte er zum ersten Mal, dass ihr Lidstrich verwischt war. Und die Erkenntnis über den mehr als offensichtlichen Grund dafür nahm seiner verbalen Angriffswelle die Wucht.

„Uns sind die Hände gebunden“, fügte er ungleich kraftloser hinzu.

„Das glaube ich eben nicht! Wir müssen nur clever vorgehen!“

Mit diesen Worten zog sie zwei Schubladen mit medizinischen Geräten und sogar OP-Besteck auf.

„Wir haben alles im Van, was wir benötigen, um eine digitale Analyse der Substanz vorzunehmen! Wir wissen, dass die Droge synthetisch hergestellt wurde. Würden wir an Longers Blut gelangen, könnten wir die ...“

„Und wie bitte sollen wir das anstellen?“, fiel ihr Steve ins Wort.

Rachel Parker bückte sich nach Jacobsons Sporttasche und drückte sie ihm in die Hände.

„Sie sind doch gut zu Fuß? Wie schnell sind Sie auf der Meile?“

Augenblicklich wurde Jacobson etwas größer.

„Vier Minuten, zwanzig Sekunden!“

„Und das ist ... schnell?“, stellte sie die Frage in die Runde. Steve ließ es sich natürlich nicht nehmen, mit vor Stolz geschwellter Brust zu antworten.

„Immerhin schneller als die schnellste Frau der Welt über diese Distanz!“

Mit diesen Worten begann er, sich umzuziehen. Sein Gesicht spiegelte Begeisterung wider. Er, so dachte Steve Jacobson in seiner Selbstverliebtheit, würde ein wichtiger Teil des Plans sein. Er würde durch sein Können den Erfolg der Mission erst möglich machen ...

Mike sah Miss Parker fragend an.

„Ich würde gerne sagen können: Ich weiß, worauf Sie hinauswollen. Aber mir fällt beim besten Willen nicht ein, was Sie vorhaben!“

Steve hatte längst seine Laufhose und ein Funktionsshirt übergestreift und war gerade damit beschäftigt, sich die Schuhe zuzubinden. Rachel kramte einige Sekunden in der Schublade mit den medizinischen Instrumenten, ehe sie ihren Männern eine dramatisch große Spritze präsentierte.

„Eine Biopsie-Nadel?“

„Es ist unorthodox, aber besondere Umstände verlangen besondere Maßnahmen“, entgegnete Miss Parker lakonisch.

„Erscheint Ihnen das angemessen?“

Mikes Frage zeigte, dass er sich bei diesem Vorhaben unwohl fühlte. Rachel drückte Steve die Nadel in die Hand und begründete ihren Plan: „Longer hat Johnson sterben hören. Er ist uns sicherlich nicht freundlich zugetan und wird sein Blut nicht freiwillig hergeben!“

Ihre Worte trieften derart vor Sarkasmus, dass sich Brunner genötigt sah, seine Bedenken einzubringen.

„Ich muss Mike Recht geben! Eine Punktierung während des Laufes könnte Longer töten!“

„Seien Sie nicht gleich so dramatisch, Richard!“, gab Rachel zurück. „Bei einer Punktiernadel denkt man zwar zuerst an Leber oder Nieren, aber das ist nicht mein Plan. Steve, nehmen Sie eine Probe aus seinem Oberschenkel. Dort ist die Muskulatur am besten durchblutet, und genau da wird die Droge ihre Wirkung tun.“

„Wenn Steve Longers Beinarterie trifft, wird es nicht besser ausgehen!“, blieb Richard hartnäckig. Zugleich musste er aufpassen, dass er den Van möglichst dicht an den abgesperrten Bereich um Meilenstein Sechzehn heran manövrierte. Die führenden Läufer waren noch nicht da, doch selbst im Van konnten Miss Parker und ihre Männer die zunehmende Unruhe der Zuschauer hören. Wie bei jenem magischen Moment, kurz vor dem Öffnen der Haupteingangstüren zum Ausverkauf bei Bloomingdales, schien es auch hier immer mehr der bis dato unbeteiligten Fußgänger an die Strecke zu ziehen. Fünfzig Meter vor der Washington Street war keine Weiterfahrt mehr möglich. Richard steuerte den Wagen an die Seite und hielt ihn betont ruckartig an. Rachel dankte es ihm mit einem erbosten Blick.

„Sie wissen, was Sie zu tun haben?", wandte sie sich an Steve.

Der hatte ein begeistertes Funkeln in den Augen und die Nadel in der rechten Hand. Kein noch so winziges Zeichen erinnerte an den Aufrührer, der er noch vor einer Stunde gewesen war. Miss Parker war nicht so dumm, seine Dienste dankend anzunehmen, ohne sich um die Wendung seiner Motivation Gedanken zu machen. Sie wusste nur zu genau, dass er ihr bei der ersten sich bietenden Gelegenheit wieder in den Rücken fallen würde. Doch im Moment schien die Aussicht auf Beförderung Jacobsons einzige Triebfeder zu sein. Auf seine Bestätigung, den Plan verstanden zu haben, schickte sie ihn hinaus.

Brunners erneuten Einwand erstickte sie im Keim.

„Das hier ist keine demokratische Entscheidung, Richard!"

Richard schien sich zu fügen, stand von seinem Fahrersitz auf, zündete sich die obligatorische Zigarette an und schaute gemeinsam mit Mike Lynch auf den Bildschirm mit der TV-Übertragung.

„Mike, bekommen wir mit, wenn Longer wieder auf seiner Frequenz erreichbar ist?"

„Sie meinen, wenn er seinen Sender wieder aktiviert hat, aber nicht spricht?"

Rachel nickte. Und Mike deutete auf eine kleine, einsam leuchtende Diode am Serverboard. Sie erstrahlte in kräftigstem Kirschrot.

„Sie wird grün, wenn er einschaltet."

Miss Parker hob ihren rechten Daumen zum Zeichen der Anerkennung und griff zum Telefon, um Myers' Nummer zu wählen.

„Ich brauche in zwanzig Minuten einen Scharfschützen auf dem Turm des Boston College. Mit Hartgummigeschossen! Der Heli der State Police soll ihn abholen! Außerdem will ich einen Krankenwagen *mit unseren Leuten* an der Ecke Commonwealth Avenue und College Road. Ohne Sirene! Er soll sich nur bereit halten!“

Sie legte auf, ohne Myers’ Antwort abzuwarten.

Mike zog sich daraufhin den Plan heran und suchte eben jenes Boston College entlang der Strecke. An Meilenstein Einundzwanzig wurde sein Finger fündig.

Richard verschluckte sich beim Inhalieren seines Zigarettenrauches und begann zu husten. Zwischen zwei nur halbwegs erfolgreichen Versuchen, wieder zu Atem zu kommen, fragte er Miss Parker, ob sie denn nicht an Steves Erfolg glauben würde.

Die blieb betont kühl: „Vorbereitung kostet Zeit. Genau die steht uns nicht zur Verfügung. Wenn Steve scheitert, hätte ich gern einen Plan B!“

Mike erkannte, weshalb sie hier der Boss war. Er hätte nicht die Umsicht besessen, in dieser Situation vorauszuplanen.

Richard gingen ähnliche Gedanken durch den Kopf. Auch er zweifelte Rachels Führungskompetenz nicht mehr an. Umso enttäuschter war er jedoch über ihren offensichtlich abhanden gekommenen, emotionalen Tiefgang. Vorhin, als er ihr verwischtes Make-up bemerkt hatte, da glaubte er noch daran, dass Johnsons Tod sie berührt hatte. Doch jetzt …

Miss Parker hatte, ohne die Gedanken ahnen zu können, die Zerstreutheit ihrer Mitarbeiter bemerkt und wies mit spitzem Zeigefinger auf den Bildschirm und den zu erwartenden Auftritt Steve Jacobsons.

„Sie sehen es selbst, meine Damen und Herren, liebe Sportfreunde! Channel Five hat eine Exklusivkamera für den Mann dieses Rennens zur Verfügung gestellt! Was für ein Drama! Er

war am Boden, doch nun ist Fred Longer auf dem Weg zurück an die Spitze! Zwar war der Stinkefinger vorhin nicht nett, und Fred wird unserem Mann am Zieleinlauf, Greg Harper, dazu Rede und Antwort stehen müssen, doch die Leichtigkeit, mit der er Meter um Meter wieder gutmacht, ist wirklich einzigartig! Kurz vor Meilenstein Sechzehn trennen ihn nur noch zwanzig Meter von der führenden Gruppe, die bislang kaum für spannende Momente gesorgt hat."

„Scott, sehen Sie nur! Dort hinter Longer!"

„Tatsächlich, Justyna! Ein Läufer ohne Startnummer ist auf der Strecke und stürmt direkt auf Fred Longer los."

„Nur wenige Meter trennen ihn noch von Nummer 368, und der läuft offenbar ahnungslos sein Rennen weiter."

„Der Unbekannte hält irgendetwas Metallisches in der Hand. Mein Gott, warum warnt denn niemand Fred Longer?"

„Doch! Jetzt! Sehen Sie? Longer scheint durch Zurufe von Zuschauern auf den Angreifer aufmerksam geworden zu sein. Jetzt hat er sich zu dem offensichtlich verwirrten Fan umgesehen und beschleunigt seine Schritte. Mit beinahe überirdischer Leichtigkeit läuft er ihm davon!"

„Und mit diesem Tempo schließt er fast mühelos zur Spitzengruppe auf! Jetzt ist er wieder dran!"

„Liebe Zuschauer, wir bleiben natürlich mit Kamera Eins auf Longer und der Spitzengruppe, aber im Splittscreen können Sie sehen, wie der Angreifer erschöpft zur Seite torkelt und von Ordnern eingefangen wird."

„Man kann wahrlich nicht behaupten, der heutige Boston Marathon wäre arm an Ereignissen! Hoffen wir nur, dass dieser Zwischenspurt Longers Taktik nicht endgültig ruiniert hat. Bill, was meinen Sie?"

„Es kommt jetzt auf die Reaktion der anderen Läufer an. Üblich wäre, jetzt die Geschwindigkeit zu erhöhen, denn dieser Zwischenspurt muss Longer enorm viel Kraft gekostet haben!"

„Und Sie behalten Recht, Bill! Die Kenianer ziehen das Tempo an. Zarinow kann folgen, Roy Curran auch, Bacha ebenfalls, aber schon mit leichten Schwierigkeiten. Longer muss erneut abreißen lassen. Schade …“

Brian wusste, dass er mit seinen Kräften haushalten musste. Den Afrikanern unbedingt Paroli bieten zu wollen, wäre eine schlechte Strategie. So blieb er etwas zurück, hielt aber konstant zwanzig Meter Abstand.

Doch der Verrückte, der eben hinter ihm her war, ging ihm nicht aus dem Kopf. War es nur ein Zufall, dass er es gerade auf ihn abgesehen hatte? Oder steckte bereits die Agency dahinter?

Chris hatte während der Vorbereitung mehrfach betont: „Wir machen es in Boston! Es ist kein Rundkurs wie bei anderen Marathons. Eine gerade Strecke von Hopkinton nach Boston. Wenn etwas schief geht, dann bist du hier besser dran …“

„Was sollte schon schief laufen?“, hatte Brian damals gefragt und Christophers Warnung als übervorsichtiges Geschwätz eines Mannes abgetan, der immer versuchte, alle Eventualitäten einzukalkulieren. Und heute war etwas gründlich schief gelaufen! Brian versuchte verzweifelt, sich an all die anderen mahnenden Worte aus Christophers Mund zu erinnern. Leider gelang ihm das nur bruchstückhaft. Es war aber auch ein Kreuz, mit einem Genie befreundet zu sein! Christopers Mund hatte nur sehr selten still gestanden. Zu allem und jedem hatte er etwas beizutragen gehabt … Wie fahrlässig war es doch von Brian gewesen, sich nicht jedes seiner Worte zu diesem Marathon einzuprägen! Verdammt!

Erinnere dich, dachte Brian, und wiederholte dies mit der Beständigkeit eines Mantras. Chris hatte ihn vorbereitet. Auf die üblichen Vorgehensweisen der NSA wie auf die Besonderheiten dieses Laufs. Brian wusste, dass er alles, was er jetzt brauchen würde, mindestens einmal aus dem Mund seines Freundes gehört hatte. Aber noch fielen ihm nur wenige, unwichtige Dinge wieder ein. Sei wachsam, hatte Chris ihm geraten. Natürlich! Und er nahm sich vor, dies von nun an auch zu sein. Doch dieser Tipp allein war sicherlich nicht genug. Was noch? Er sollte auf erhöhte Positionen achten! Brian erinnerte sich zumindest daran wieder. Wenn er jetzt noch wüsste, was er mit einer erhöhten Position gemeint hatte …

Unbewusst sah er auf seine Uhr am Handgelenk. Die Uhr! Er hatte sie vorhin in den Standby-Modus geschaltet. Die Funkverbindung war dadurch zwar unterbrochen, doch zugleich hatte sich das Display abgeschaltet. Irgendwann würde er wieder einschalten müssen, wollte er die ihm verbleibende Zeit sehen. Chris war sich dieser Schwäche seines Wunderwerks bewusst gewesen. Wie nebenbei hatte er erwähnt, es nach dem Lauf ändern zu wollen … Wohlgemerkt *nach* dem Lauf!

Verdammtes, nachlässiges Genie! Dies hier hätte ein Heimspiel werden können! Stattdessen verdankte er allein dem Umstand, dass seine Trauer über Chris' Tod die euphorische Nebenwirkung der Droge unterdrückte, diesen Lauf halbwegs ordentlich zu Ende bringen zu können. Mit einer Restzeitanzeige, die nur funktionierte, wenn er Sender und Empfänger wieder einschalten würde und die NSA ihn hören konnte!

„Was soll's", raunte Brian leise vor sich hin und atmete tief ein. Während er die Uhr einschaltete, wollte er für die Agency nicht hörbar sein. Er drückte die Krone der Uhr, und das Display zeigte seinen aktuellen Status an. Es war 11.18 Uhr und zwanzig Sekunden. Die Substanz würde seine Ausdauer für weitere neunundvierzig Minuten und fünfunddreißig Sekunden unterstützen. Er zog an der Krone der Uhr und schaltete sie so wieder in den Standby-Betrieb. Mit der rechten Hand nestelte er eine Sonnenbrille aus der Rückentasche seines Lauftrikots und setzte sie auf. Danach holte Brian tief Luft.

Die Spitzengruppe lief immer noch zwanzig Meter vor ihm. Die Kenianer, der Russe, der Spanier und Curran. Brian erhöhte langsam sein Tempo. Wenig verbrauchen, viel gewinnen. Das musste jetzt seine Devise sein! Schließlich war er allein. Allein gegen die gesamte Weltspitze im Marathon.

Und möglicherweise – nein, mit Sicherheit – auch gegen die NSA. Brian hatte das Gefühl, dass der Lauf für ihn erst jetzt wirklich begann!

8

„National Security Agency! Wir nehmen den Mann in Gewahrsam!“, sagte die Dame im Hosenanzug. Hinter ihr standen ein älterer, leicht dicklicher Mann mit fast aufgerauchter Zigarette sowie ein noch nicht halb so alter Bursche mit dunkler Sonnenbrille.

Die Ordner sahen sich nach einem Polizisten um, der ihnen diese Entscheidung abnehmen konnte. Doch die im Sonnenlicht blinkenden Ausweise der Agenten taten ihre Wirkung.

„Na gut. Nehmen Sie ihn mit. Wir sind froh, wenn wir diesen Unruhestifter los sind! Hier, das hatte er bei sich. Sieht aus wie eine Horrorspritze!“

Rachel ließ ihre Männer den immer noch schwer atmenden und kaum Widerstand zeigenden Jacobson übernehmen. Sie selbst hatte sich der Biopsie-Nadel angenommen. Nach zehn Schritten waren sie aus dem Sichtbereich der Ordner und damit auch aus deren Interessengebiet entkommen.

„Los, sofort zurück zum Van!“, trieb Miss Parker ihre Agenten an.

„Kommt jetzt Plan B?“, wollte Mike wissen.

„So etwas in der Art“, antwortete Rachel geheimnisvoll und nichtssagend zugleich.

„Dieses Zeug – muss – muss unglaublich sein“, keuchte Steve weiter vor sich hin.

„Das ist eine schwache Ausrede für eine ungenügende Leistung“, tadelte Rachel ihren erschöpften Sportsmann. Der winkte daraufhin nur ab.

Mittlerweile hatten sie den Wagen wieder erreicht, und Richard machte sich sofort daran, die Straße rückwärts zurückzufahren, bis er einen guten Platz zum Wenden fand. Kaum hatte er das geschafft, schoss er mit Höchstgeschwindigkeit auf die Parallelstraße der Laufstrecke.

„Steve, Sie ruhen sich erst einmal aus! Die nächste Runde übernehmen Richard und Mike", ordnete Rachel an.

Brunner gestattete sich ein abfälliges Lachen, das seinen Unglauben zum Ausdruck bringen sollte.

„Und wie soll das funktionieren? Ich bräuchte einen Raketenantrieb, um diesen Kerl einzuholen!"

„Genau den werden Sie auch bekommen, Richard", antwortete Rachel und stürzte ihren Kollegen damit in totale Verwirrung. Derweil hatte er die Cedar Street wieder verlassen und den Van zurück auf die Worcester Street gelenkt.

„Wohin fahren wir jetzt?", fragte er nach hinten.

Gerade wollte sich Miss Parker die Karte heranziehen, als Mike sich die Freiheit erlaubte, seine Analyse vorzutragen.

„Wir haben eben zu viel Zeit verloren, um vor Longer an Meilenstein Siebzehn zu sein. Außerdem müssen wir unter dem Highway durch, und der Umweg kostet weitere Zeit. Damit wird auch Meilenstein Achtzehn unwahrscheinlich. Wir sollten uns gleich auf Nummer Neunzehn konzentrieren und uns bestmöglich vorbereiten."

„Miss Parker?", fragte Brunner von vorn.

Sie überflog die Karte und bestätigte Lynchs Einschätzung.

„Genau so machen wir es! Hinter dem Highway links in die Chestnut, dann rechts in die Beacon und links in die Walnut Street. Die Laufstrecke ist auf der Commonwealth Avenue."

„Da sind immer besonders viele Zuschauer!", ergänzte der wieder zu Luft gekommene Jacobson.

„Sie ahnen wahrscheinlich, dass mir das egal ist. Wir müssen Longer kriegen! Um jeden Preis!", erneuerte Miss Parker ihre Zielsetzung.

„Aber wenn nicht einmal Steve … ", wollte Mike einwenden, wurde jedoch von Miss Parker harsch unterbrochen.

„Das war ein Versuch, mehr nicht! Wir wissen jetzt, dass wir ihm ohne technische Hilfsmittel nicht gewachsen sind.

Zum Glück ist das hier kein Picknick-Ausflug! Wir sind auf fast alles vorbereitet. Wie Sie wissen, beherbergt dieser Van unter anderem auch ein Motorrad. Aber was noch viel besser ist … "

Rachel unterbrach sich, um aus einem der vielen Schränke dieses Wagens eine professionelle Videokamera mit aufgesetztem Richtmikrofon zu ziehen.

„Channel Five bekommt eine weitere Motorrad-Cam-Crew! Damit kommen wir garantiert auf die Strecke!"

Richard sah sich kurz zu Rachels Präsentation um und musste schmunzeln.

„Das ist beinahe genial!", bestätigte er ihren Plan.

„Und die erste Direktive?", wagte Mike einen erneuten Einwand.

„Scheiß auf sie! Das Motorrad gehört zum Fernsehsender. Wer sollte uns auf die Schliche kommen?", zeigte Steve weiterhin seinen neu erworbenen Enthusiasmus.

„Diese Aktion muss erfolgreicher ablaufen! Richard wird das Motorrad fahren, und Sie, Mike, werden rücklings auf dem Sozius sitzen und die Kamera halten. Und niemand wird die Nadel zu sehen bekommen, bis Sie auf gleicher Höhe mit Longer sind!"

Theoretisch hätte Brian die Führung längst zurückerobern können. Als er jedoch seine Chancen durchkalkulierte, wurde ihm klar, dass er bereits mit seinen Kräften haushalten musste. Mit der siebzehnten Meile stieg die Laufstrecke wieder leicht an. Das würde so bleiben bis zum berühmt-berüchtigten Heartbreak-Hill. Am schlauesten wäre es, sich an die Spitzengruppe zu hängen und erst auf der Zielgeraden seine Überlegenheit auszuspielen.

„Du wirst keinen Schlussspurt brauchen", hatte Chris zu ihm gesagt. Auch in dieser Hinsicht hatte er sich geirrt!

Brian war bereits bis auf fünf Meter an die Gruppe heran gelaufen. Er gestattete sich den Luxus, in die Gesichter der Zuschauer zu blicken und die Atmosphäre zum ersten Mal wahrzunehmen. Die Commonwealth Avenue schlängelte sich durch Newton, und die Straße war fast vollständig von Menschen gesäumt. Überall wurde die amerikanische Flagge geschwenkt, und dazu drangen einige Roy-Curran-Anfeuerungsrufe an sein Ohr. Brian berührte das wenig. Curran war immerhin der amtierende Meister. Warum sollte er also nicht angefeuert werden?

Brian Harding wollte nur sein einsames Rennen zu Ende laufen, das Geld kassieren und sich aus dem Leben eines gewissen Fred Longer davonstehlen. In diesen Gedanken versunken lief er weiter der Gruppe um seinen Landsmann hinterher.

Und das konnte, wenn es keine Zwischenfälle mehr geben würde, bis nach Boston hinein so weitergehen.

Vielleicht, dachte er sich, sollte er noch einmal kurz die Uhr einschalten und seinen Status überprüfen …

Richard war wie der Teufel gefahren. Der Van stand unweit des Rathauses von Newton unter den frisch ergrünten Bäumen der Walnut Street. Die Commonwealth Avenue lag nur wenige Meter von ihnen entfernt. Richard Brunner war sofort ausgestiegen und machte das Motorrad, eine grauschwarze Yamaha, startklar. Miss Parker beorderte Steve zu dessen Unterstützung ebenfalls hinaus.

„Scheiß auf die Direktive?“, hakte Richard nach, als er und Steve unter sich waren.

Links und rechts strömten Passanten zur Laufstrecke, aber keiner schenkte den beiden Agenten auch nur eine Sekunde Aufmerksamkeit.

„Kannst du mal wieder runterkommen? Wo ist der Rebell Steve Jacobson geblieben?“

Steve sah sich um, als wäre das, was er Richard gleich antworten würde, ein Staatsgeheimnis.

„Was auch immer wir tun werden: Wir obliegen Miss Parkers Befehlsgewalt! Wenn sie Erfolg hat, dann werden wir auch genannt werden, wenn sie scheitert – in welcher Form auch immer – steht sie alleine da!"

Richard schmunzelte.

„Schön zu wissen, dass man auf dich zählen kann …"

Steve fühlte sich missverstanden.

„Hey, für dieses Risiko wird sie auch deutlich besser bezahlt als wir! Warum soll ich die Karten nicht zu meinem Vorteil ausspielen?"

„Weil sie dich nicht mit nach Fort Meade nimmt, egal wie tief du in ihren Arsch kriechst!"

„Und das weißt du so genau, weil …?"

„Ich habe schon ein paar Chefs kommen und gehen sehen. Diejenigen, die es nach Fort Meade geschafft haben, gingen meist allein dorthin."

„Aber die waren nicht dafür verantwortlich, die Formel für eine Substanz zurückgeholt zu haben, die die Zukunft der Army revolutionieren wird!"

„Da hast du sicherlich Recht", beendete Richard ihr Gespräch und gab Steve bewusst das Gefühl, keine Lust mehr auf eine Fortführung dieser Diskussion zu haben. Außerdem hatte er das Motorrad mittlerweile komplett vorbereitet … Und das hatte er allein getan.

Rachel Parker und Mike Lynch sahen sich die Übertragung auf Channel Five an und beobachteten Läufer Nummer 368.

Plötzlich streckte Mike Lynch seinen Arm wie ein Streber der Abschlussklasse nach oben. Rachel nickte ihm fragend zu. Er deutete auf die Diode am Serverboard. Jetzt leuchtete sie waldmeistergrün.

„Er hat wieder eingeschaltet! Ich höre Longers Atem!"

Mike flüsterte, obwohl die Zielperson ihn nicht hören konnte. Miss Parker setzte erneut ihr Head-Set auf.

„Ist die Stimmverfremdung noch eingeschaltet?"

Mike nickte eifrig. Obgleich er innerlich noch hin und her gerissen war zwischen seiner Meinung, dass bestimmte Grenzen nicht überschritten werden sollten und der Erkenntnis, dass das heute längst geschehen war, hatte er sich für ein ‚Lerne und Gehorche' entschieden.

In dem Moment kam Steve wieder rein. Er hielt den Daumen hoch zum Zeichen, dass die Yamaha einsatzbereit war. Richard war draußen geblieben.

Rachel dirigierte Mike zu sich, drückte ihm die Videokamera in die Hand und wies Steve an, Lynchs Platz einzunehmen. Dann schaltete sie auf Sprechverbindung Zwei.

„Mister Longer – Fred – wir können Ihnen Schutz gewähren! Sie geben uns einen winzigen Tropfen Ihres Blutes, und wir schenken Ihnen eine neue Identität! Gegen die Möglichkeiten, die wir Ihnen bieten, ist das Zeugenschutzprogramm des FBI nur lauwarmer Kaffee!"

Sie bedeckte mit der linken Hand das Mikrofon ihres Head-Sets und zog Mike zu sich.

„Los, Sie schnappen sich Richard und verfahren nach unserem Plan. Ich werde Longer ablenken!"

Mike nahm die Kamera und stürmte nach draußen zu Brunner und der Yamaha.

Miss Parker nahm ihre Hand wieder vom Mikro und versuchte, möglichst nahtlos mit ihrer Überzeugungsrede fortzufahren.

„Fred?"

Das Display an Fred Longers Handgelenk war längst wieder dunkel. Brian hatte genug gehört. Offensichtlich hatte der

Sprechende die Hand nicht dicht genug über das Mikrofon gehalten und so Brian unabsichtlich verraten, dass er besser vorbereitet sein sollte. Nun war er überzeugt, dass der Angriff bei Meile Sechzehn ihm gegolten hatte. Und es war die Bestätigung, dass er unbedingt weiterlaufen, dass er auf der Laufstrecke bleiben musste, im Schutz der Zuschauer und der Fernsehübertragung! Obwohl er wusste, dass die Fortführung ihres ursprünglichen Plans sinnlos geworden war. Kein Geld dieser Welt konnte ihm seinen Freund und Kumpel zurückbringen!

Gar nicht weit vor ihm konnte er ein Meer, oder zumindest einen größeren See an Stars-n-Stripes sehen. Beim Anblick der vielen Flaggen dachte er wieder unweigerlich an Chris, der über die Jahre einen Großteil seiner patriotischen Grundhaltung auf Brian übertragen hatte.

So war er fast in Gedanken versunken, als ihm bewusst wurde, dass er besser daran tun würde, sich in der Spitzengruppe zu verstecken. Egal, was die NSA plante – bei oder in der Spitzengruppe wäre er vor ihren Angriffen sicher! Brian schätzte erneut den Abstand zu den Führenden mit einem kurzen Blick und wollte gerade seine Geschwindigkeit erhöhen, als er das Dröhnen eines Motorrads in seinem Rücken hörte. Es klang deutlich anders als die vor ihm fahrende Maschine des TV-Senders.

Brian schaute sich um und sah das Motorrad mit Fahrer und Sozius schnell auf sich zukommen. Seinem ersten Impuls folgend lief er schneller. Doch Brian wusste, dass er diesmal nicht durch Schnelligkeit oder Ausdauer entkommen konnte. Was konnte er nur tun?

„Scott, unser Geheimtipp begibt sich scheinbar wieder auf Aufholjagd. Und das mit einem Zwischenspurt, den wir ihm wahrlich nicht mehr zugetraut haben!“

„Obwohl wir seit heute vorsichtig geworden sind, Justyna, jemanden zu unterschätzen! Fred Longer belehrt uns ein ums andere Mal eines Besseren!"

„Tatsächlich, nur noch wenige Meter trennen ihn davon, wieder zur Spitze aufzuschließen. Bill, was meinen Sie? Wird uns der Mann mit der Nummer 368 erneut überraschen?"

„Im Marathon-Lauf ist vieles möglich, Justyna. Ich glaube …"

„Entschuldigung, Bill! Wir haben scheinbar einen weiteren Zwischenfall! Diese Motorrad-Cam hat es offensichtlich auf Longer abgesehen …"

Richard Brunner versuchte, so dicht wie möglich an Longer heranzukommen, um Mike in eine gute Position zu bringen. Mike saß nicht rücklings auf dem Sozius, wie es sich für einen echten Kameramann gehört hätte. Er gab nicht einmal mehr vor zu filmen. Stattdessen beugte er seinen Oberkörper weit auf die linke Seite und benutzte die Kamera als Gegengewicht. Er brauchte Spielraum, um mit der Punktiernadel auszuholen. Gleichzeitig wollte er Richard dabei nicht verletzen. Longer lief vor ihnen auf der linken Straßenseite. Für die beiden Agenten sah es so aus, als versuchte er die rettende Deckung zwischen den anderen Läufern der Spitzengruppe zu erreichen. Doch wie jeder gute Motorradfahrer konnte Richard abschätzen, dass sie den Läufer einholen würden, bevor er sich ihrem Zugriff entziehen konnte. Richard lehnte sich ein wenig mehr nach rechts, um Mike noch mehr Bewegungsfreiheit zu geben. Der hob die Nadel und war längst bereit. Sie waren schon ganz nah …

Brian hörte die Maschine hinter sich näher kommen. Er wusste, dass er so nicht entkommen würde und lief dennoch einfach weiter. Sein Gehör war jedoch ausschließlich auf die

Angreifer hinter sich gerichtet. Er fühlte förmlich, dass sie ihn gleich erreichen würden. Und er lief immer noch weiter. Dann, als sie fast neben ihm waren und er das Vorderrad aus dem Augenwinkel sehen konnte, bremste er abrupt und blieb stehen. Er wusste, dass er dabei eine Zerrung riskierte, doch es schien ihm die einzige Lösung. Tatsächlich sah er, wie das Motorrad an ihm vorbeischoss und der Mann auf dem Rücksitz einen länglichen, metallischen Gegenstand ins Leere stieß. Dorthin, wo sich wahrscheinlich Brians Beine befunden hätten, wenn er weitergelaufen wäre. So aber brachte der Stoß ins Leere die beiden auf dem Motorrad gehörig aus dem Gleichgewicht. Nur durch reaktionsschnelles Gegenlenken konnte der Fahrer einen Sturz vermeiden. Aufgrund dieses Manövers schlug dem Sozius jedoch die Kamera gegen den eigenen Oberschenkel, und er ließ sie auf die Mitte der Straße fallen.

Die Zuschauer, die diesen Vorfall beobachten konnten, hatten vor Entsetzen die Hände vor ihre Münder gerissen. Für einen Moment war es in der direkten Umgebung von Fred Longer still. Der Jubel spielte sich weiter vorne und hinter ihm ab. Und für Brians Wahrnehmung hatte sich die Geschwindigkeit der folgenden Handlungen auf Zeitlupe verlangsamt.

Dies, so dachte er, waren die Männer, die Christophers Tod verschuldet hatten. Und dies waren die Männer, die auch nicht davor zurückschreckten, seine Gesundheit oder noch mehr zu riskieren. Allein Brians gesteigerte Reaktionsfähigkeit hatte ihn, wie zuvor bei dem Sturz, vor Schlimmerem bewahrt.

Richard konnte spüren, dass Mike absteigen und die verloren gegangene Kamera wieder aufheben wollte. Geistesgegenwärtig hielt er ihn mit der linken Hand fest und schrie nach hinten: „Vergiss die Kamera! Konzentrier dich lieber auf deinen zweiten Versuch!“

Damit wendete Brunner die Yamaha im engen Bogen. Doch just in dem Moment lief Longer an ihnen vorbei und hatte sofort einige Meter zwischen sich und die Agenten gebracht. Abermals drehte Richard um und beschleunigte sofort. Dabei ging er mit seinem Oberkörper nach rechts, und Mike lehnte sich weit nach links hinaus. Diesmal würden sie ihn kriegen!

Brian lief wieder auf der linken Straßenseite, und wie schon einige Male zuvor, gab es auch diesmal begeisterte Fans, die in zweiter Reihe Fahnen schwenkend versuchten, mit ihm mitzuhalten. Auch jetzt war da ein Junge, kaum älter als sechzehn Jahre, der mit der amerikanischen Flagge an einer kurzen Stange einige Meter neben ihm her lief.

„Hey“, rief er dem Jungen zu. „Wirf rüber! Ich trage unsere Flagge weiter!“

Der Junge war zwar überrascht, doch er schien es für eine coole Idee zu halten. Schließlich war Patriot’s Day! Der Junge warf die Fahne zu Brian hinüber, der die Stange mit beiden Händen in der Mitte packen konnte. Keinen Moment zu früh, denn als Brian den Kopf seinen Angreifern zuwandte, war das Motorrad bereits wieder dicht hinter ihm. Keine fünf Meter mehr, und der Fahrer würde direkt auf ihn zusteuern! Brian drehte sich vollends um, holte kurz aus und stieß, sich selbst dabei zur Seite werfend, die Fahnenstange in die Speichen des Vorderrades. Während er hart auf den Asphalt der Commonwealth Avenue stürzte, sah er, wie das Motorrad ihm den erhofften Gefallen tat und samt Fahrer und Sozius zum Salto ansetzte. Selbst durch das Aufheulen des Motors hindurch konnte Brian das Auftreffen des spitzen metallischen Gegenstandes hören, der stählern scheppernd an den Rinnstein sprang und irgendwo außerhalb der Reichweite der beiden Angreifer liegen blieb.

Brian wollte sich schnell aufrappeln und weiterlaufen, als er die Stars and Stripes mit gebrochener Stange vor sich im Schmutz der Straße liegen sah. Er stand auf, beugte sich zur Fahne hinunter und hob sie langsam auf. Dann breitete er sie mit beiden Armen gen Himmel aus, lief mit ihr ein paar Meter und übergab sie den frenetisch jubelnden Zuschauern am Straßenrand.

„Ich glaube, niemand hier hat verstanden, was da vor sich gegangen ist! Was hat Fred Longer an sich, dass man es auf ihn abgesehen hat? Gibt es eine Verschwörung, die einen amerikanischen Sieg beim Boston Marathon verhindern will? Und warum greift dann niemand Roy Curran an?“

„Das sind die Fragen der Stunde, Scott! Doch noch kennen selbst wir von Channel Five nicht die Antworten darauf. Zum Glück scheint dieser Lauf einen neuen Helden hervorzubringen! Und welcher Tag wäre besser geeignet, als der heutige Patriot's Day, um zuerst unsere Flagge aus dem Staub empor zu heben und sich dann anzuschicken, erneut die Verfolgung der Weltspitze aufzunehmen!“

„Tja, ich bin sicher, Justyna, durch diese Geste hat Fred Longer die Herzen der Zuschauer im Sturm erobert! Zumindest von uns hier aus dem News-Center von Channel Five gibt es ein extra Daumendrücken für unseren Läufer mit der Nummer 368. Lauf, Junge, lauf!“

Brian hatte wieder in sein altes Tempo zurückgefunden. Wie zuvor lief er ein einsames Rennen zwischen der Spitzengruppe und dem Verfolgerfeld. Der Zwischenfall hatte ihn erneut zurückgeworfen. Diesmal jedoch hatte er mehr als dreihundert Meter verloren. Das war viel, doch erschien es ihm wenig, gemessen an der Dauer des Angriffs. Er konnte erkennen, dass der Spanier den Anschluss zur Spitzengruppe verloren hatte und ungefähr hundert Meter vor ihm lief. Der Spanier würde also sein nächstes Zwischenziel sein!

Natürlich war Brian versucht, seine Uhr einzuschalten und nachzusehen, wie viel Zeit ihm nach der zweiten Attacke noch verblieben war. Allerdings musste er zwei Dinge befürchten: Zum einen, dass die NSA ihn dann wieder zu bekehren versuchte und außerdem, dass er erkennen müsste, dass die verbleibende Zeit nicht mehr ausreichen würde, diesen Marathon zu gewinnen.

Doch genau das hatte er sich doch vorgenommen … Für Chris!

Seine einzig verbliebene Chance war, einfach weiterzulaufen. Es würde nicht leichter werden! Dessen konnte er sicher sein. Wenn die Agency so weit gegangen war, ihn vor aller Augen zu attackieren, würde sie auch nicht vor drastischeren Maßnahmen zurückschrecken! Und beim nächsten Mal würde er nicht wissen, woher der Angriff käme.

Seine Ausdauer war ungebrochen. Doch seine Motivation sank angesichts der verbliebenen Aussichten. Er kämpfte allein einen Kampf zu Ende, den sie gemeinsam begonnen hatten. Gegen die Ungerechtigkeit, die Chris vonseiten der NSA widerfahren war … Für eine Zukunft ohne die Bevormundung durch seinen Vater … Was war davon geblieben?

Einzig und allein die Flucht nach vorn, damit die Agenten der Agency nicht an sein Blut gelangten! Damit er, Brian, vor ihnen sicher sein konnte und damit Chris' Erfindung nicht doch noch in ihre Hände fiel!

Es war ein trauriger Tag geworden, und Brian hätte nichts lieber getan, als an den Rand zu laufen, aufzugeben und seine Schuhe auszuziehen.

Genau in dem Moment sah er etwas, das seinen Willen wieder stärken sollte und ihn so im Rennen hielt: Zwei junge Mädchen, die sich in die erste Reihe vorgedrängelt hatten, hielten gemeinsam ein Schild hoch. Es war nur ein einfaches, großes Stück Pappe. Doch darauf standen, in zweifellos eilig geschriebenen, fetten Buchstaben, die kurzen und doch so wichtigen Worte:

GO, FRED! GO!

9

„Verdammt!"

Steve Jacobson erschrak, als er seine Chefin fluchen hörte. Das lag nicht an der Wortwahl oder Lautstärke ihres Ausrufes. In ihrer Stimme klang etwas Böses, Verletztes mit. Beinahe so, als hätte Longer den größten Fehler seines Lebens begangen, Miss Parker zu reizen.

„Scheint ein zäher Hund zu sein", gab er vorsichtig und selbst für sein eigenes Empfinden kleinlaut zu bedenken.

Statt einer Erwiderung gab Miss Parker nur ein weiteres Fluchwort von sich und griff zum Telefon.

„Myers, wie ist der Status? Bekomme ich meinen Schützen?"

Sie hörte dem Disponenten zu. An ihrer Gestik konnte Steve erkennen, dass sie ungeduldig wurde. Sie sah auf die Uhr und zischte Myers an: „Es ist jetzt 11.32 Uhr und zwanzig Sekunden! Wenn Sie nach 11.40 Uhr noch Ihren Job haben wollen, dann schaffen Sie mir den Scharfschützen aufs Dach! Jetzt!"

Damit legte sie auf und schnappte sich abermals die Umgebungskarte von Boston und Cambridge. Sie fuhr mit dem Finger die Commonwealth Avenue entlang und verharrte beim Boston College. Sie schaute zum Monitor und verfolgte für einige Sekunden den Lauf der führenden Gruppe. Als das Bild von Channel Five wieder auf Longer wechselte, wandte sie sich ab.

„Wo bleiben Brunner und Lynch?"

Ihr Ton wurde selbst Steve gegenüber ungnädig.

Der gescheiterte Angriff ihrer Mitarbeiter hatte eine knappe halbe Meile entfernt stattgefunden. Rachel hatte auf dem Bildschirm mit ansehen müssen, wie sich die beiden nur mühsam wieder aufrappeln konnten, zuerst versuchten, die Yamaha wieder zu starten, nach wenigen Sekunden jedoch aufgaben und ihr Motorrad mitten auf der Straße zurückließen. Während die Ordner vorrangig bemüht waren, das Motorrad von der Laufstrecke zu bekommen, bevor die nächste Gruppe den Meilenstein Neunzehn erreichte, gelang Lynch und Brunner halb laufend, halb humpelnd die Flucht durch die Zuschauermenge.

Miss Parker sah abermals auf die Uhr.

„Steve, Sie fahren!"

„Und Richard und Mike?"

„Die können zu Fuß in die Zentrale zurück! Wir haben keine Zeit, auf diese Amateure zu warten!"

Es schmeichelte Steve ein wenig, nicht mit den beiden in einen Topf geworfen zu werden. Und hatte Miss Parker nicht sogar gesagt, *wir* hätten keine Zeit ...?

Steve war etwas mulmig, als er sich auf den Fahrersitz schwang. Seiner neuen Rolle als persönlicher Assistent von Miss Rachel Parker fühlte er sich dennoch gewachsen.

Allerdings nur, bis die Tür des Van aufgerissen wurde und Lynch und Brunner keuchend den Wagen betraten.

„Sie sind spät dran!", kritisierte Miss Parker ihr Erscheinen, während Steve sich umgehend aus dem Fahrersitz emporschraubte.

„Offensichtlich nicht *zu* spät!", raunte Brunner zurück und schob sich an Steve vorbei auf seinen Sitz. Obwohl er noch nicht wieder zu Atem gekommen war, galt sein erster Griff der Zigarettenpackung. Mike setzte sich an die Seite und streckte sein Bein aus. Mit schmerzverzerrtem Gesicht versuchte er, sein Knie durchzudrücken. Er gab den Versuch nach wenigen Sekunden auf.

„Mein Gott, was für ein armseliger Haufen!", kommentierte Miss Parker den traurigen Anblick ihrer Männer. Steve schloss sie bewusst wieder mit ein.

„Wir waren einmal eine Spezialeinheit! Jetzt sehe ich hier nur noch Schreibtischtäter!“

Richard zog einmal tief an seiner Zigarette, sah sich zu Miss Parker um und ignorierte ihre boshaften Worte, als er sich nach dem nächsten Ziel erkundigte.

„Boston College. Zwei Meilen weiter!“

Rachel hatte den Satz kaum beendet, als der Van mit durchdrehenden Reifen wendete und die Walnut Street zurückfuhr. An der Ecke Beacon Street bog Richard schwungvoll links ab und steuerte den Wagen damit parallel zur Laufstrecke. Dennoch war ihm klar, dass sie zu viel Zeit eingebüßt hatten, um vor Longer am Heartbreak Hill zu sein. Und der war direkt beim Boston College.

Die Zeit lief ihnen davon. Steve hatte im Fernsehen verfolgen können, wie Longer sich am Wasserstand bei Meilenstein Zwanzig erfrischt und bereits wenige Schritte danach Alonso Bacha eingeholt hatte. Der Spanier tat das einzig Richtige und hängte sich in seinen Windschatten. Gemeinsam schienen sie sich Meter für Meter den Führenden nähern zu wollen.

Das Telefon klingelte, und Steve nahm ab, ehe Miss Parker die Hand danach ausstrecken konnte. Jacobson nickte und reichte den Hörer weiter an seine Chefin.

„Das ist Myers: Der Scharfschütze ist in Position. Der Heli ist neben dem Campusgelände in Bereitschaft. Der Krankenwagen wird in drei Minuten vor Ort sein.“

Miss Parker übernahm.

„Gut gemacht, Myers! Schalten Sie mir eine Verbindung zum Schützen …“

Lynch und Jacobson sahen zu, wie sie offensichtlich seine Antwort anhörte und anschließend den Hörer auflegte.

„Er ist auf Frequenz 675. Können Sie mir die aufs Head-Set legen?“

Mike bejahte und humpelte mit steifem Knie hinüber zu den Apparaturen. Nach wenigen Handgriffen bestätigte er den Erfolg seiner Bemühungen: „Signalverschlüsselung ist vorgeschaltet. Die Frequenz liegt auf Sprechkanal Drei."

Damit hielt er Miss Parker ihr Head-Set entgegen.

Sie nahm es und setzte es sich ohne ein Wort des Dankes auf. Gleichzeitig schaltete sie auf Lautsprecher, damit alle Personen im Van zuhören konnten.

„Wie ist Ihr Name, Agent?"

„Henry Gibson, Mam!"

„Gut, Henry. Sie haben Hartgummigeschosse geladen?"

„Wie befohlen!"

„Wie ist Ihre derzeitige Position?"

„Auf dem Dach der Burns-Bibliothek. Direkte Sicht über die Bäume hinweg in nordwestlicher Richtung auf die Kreuzung Commonwealth und College. Möglicher Zielbereich in achtzig Metern Entfernung."

„Sehr gut! Ihre Zielperson trägt die Nummer 368. Setzen Sie ihn außer Gefecht. Bei optimaler Treffererwartung!"

Gibson bestätigte, und Parker trennte die Verbindung.

„Achtzig Meter? Meines Wissens reichen Gummigeschosse gerade einmal soweit", gab Steve zu bedenken.

„Sie sollten besser informiert sein! Gummigeschosse tragen ohne Richtungsverlust etwa einhundert Meter weit. Wenn Gibson ihn auf Herzhöhe trifft, wird es wie ein Kollaps aussehen …"

„… was bei dem Tempo von Longer kein Wunder wäre", gab Mike Lynch dazu. Und Richard vervollständigte: „Wie gut, dass sofort ein Krankenwagen zur Stelle sein wird!"

„Meine Damen und Herren, wir können Ihnen nur eines raten: Bleiben Sie auf Channel Five! Hier und heute wird Marathongeschichte geschrieben. Fred Longer – der Läufer mit

der Nummer 368 – vollbringt Unglaubliches! Vier Zwischenfälle hatte es in diesem Rennen bereits gegeben, und alle vier Male war Fred Longer beteiligt. Jedes Mal warf ihn das aus der Spitzengruppe. Doch mit unbändigem Willen und scheinbar unendlicher Ausdauer schaffte er immer wieder den Anschluss.“

„Dazu muss man wissen, dass sich die Zwischenzeiten der Spitzengruppe jeweils in einem Bereich befinden, der im Ziel eine Weltbestzeit möglich macht!“

„Die sportlich Interessierten unter unseren Zuschauern wissen natürlich, dass es im Marathonlauf keinen Weltrekord gibt. Zwar sind die gelaufenen Strecken immer genau sechsundzwanzig Meilen und dreihundertfünfundachtzig Yards lang, doch differieren die Streckenführung und damit die Steigungen von Strecke zu Strecke und sind deshalb nicht wirklich vergleichbar. Dennoch möchte sich natürlich jeder Läufer von Weltniveau damit schmücken, die schnellste jemals erreichte Zeit gelaufen zu sein.“

„Und genau diese Fähigkeit besitzen die sechs Läufer, die sich im Moment ganz vorne befinden. In der Spitzengruppe sind das die beiden Kenianer Samuel Endraba und Roger Koskai, sowie der Russe Oleg Zarinow und natürlich unser amerikanischer Landesmeister Roy Curran. Wenige Meter dahinter laufen der Spanier Alonso Bacha und unser bereits mehrfach erwähntes Stehaufmännchen Fred Longer.“

„Nur unter diesen Sechs wird der Sieg beim diesjährigen Boston Marathon ausgemacht!“

„Und seien wir ehrlich, sollte dies gar der Nummer 368 gelingen, so wäre es eine schier übermenschliche Ausdauerleistung!“

„Übermenschlich wäre dann nicht Superlativ genug. Ich habe in meiner aktiven Laufbahn noch nichts Vergleichbares erlebt!“

„Ein interessanter Aspekt, Bill. Glauben Sie, dass bei Longers enormer Leistung Anabolika oder andere Substanzen im Spiel sind?“

„Oh, ich bin kein Fachmann, was das angeht, Scott. Aber ich gebe Ihnen Recht: Was Fred Longer hier abliefert, ist überwältigend! Ich hoffe für ihn, dass er eine saubere Leistung bringt!“

„Halten wir es wie bei Gericht: Unschuldig bis zum Beweis der Schuld. Was meinst du, Justyna?“

„Tja, Scott. Falls Nummer 368 das Rennen gewinnt, wird er mit hundertprozentiger Sicherheit geprüft werden, und dann wird sich zeigen, was seine Leistung wert ist.“

„Justyna, du warst die erste von uns, die Longers Sieg in Erwägung gezogen hat. Doch mit jeder weiteren Meile, die sich die Läufer dem Ziel auf der Boylston Street nähern, neige auch ich dazu, an eine Sensation zu glauben!“

„Und die könnte sich jetzt wirklich anbahnen, denn Longer hat die bislang in führender Position laufenden Kenianer just in diesem Moment passiert und setzt sich sofort von ihnen ab. Es ist und bleibt unglaublich, meine Damen und Herren!“

Brian kam die Commonwealth Avenue als Führender hinauf. Ihm war klar, dass er sich am Rande seiner Möglichkeiten bewegte, wenn er erneut attackierte. Als er seine Uhr zuletzt eingeschaltet hatte, zeigte ihm das Display noch eine kleine Reserve. Für den Lauf musste er mit seinen Kräften haushalten. Doch zugleich musste er auch versuchen, der Agency keine Gelegenheit für einen weiteren Angriff zu liefern. Als Führender würden alle Kameras auf ihn allein gerichtet sein, und das würde es der NSA nahezu unmöglich machen, einen dritten Versuch zu wagen, seiner habhaft zu werden. Ein weiterer Rückschlag, dessen war er sich bewusst, würde seine Siegesaussichten fast schon zunichte machen. Er konnte nur hoffen, dass seine Taktik aufging.

Als er hinauf zum Heartbreak Hill und damit zu Meilenstein Einundzwanzig lief, konnte er die Schritte der Verfolger noch hören. Brian wollte nur versuchen, diesen knappen Vorsprung möglichst lange zu verteidigen. Das war sein ganzer Plan.

„Hier Gibson. Habe freie Schussbahn zum Zielobjekt“, kam die Stimme aus den Lautsprechern des Vans.

„Warten Sie noch!“, erwiderte Miss Parker und schaute dabei unverwandt auf den TV-Monitor.

„Worauf wartet sie denn?“, raunte Mike Steve zu.

„Sie sagte doch vorhin, dass das Geschoss nur hundert Meter trägt. Für einen sicheren Treffer muss Longer direkt auf der Kreuzung sein.“

Mike nickte und schalt sich selbst einen Idioten, nicht richtig aufgepasst zu haben.

Rechter Hand, hinter den Bäumen am Straßenrand, konnte Brian bereits die vorderen Gebäude des Boston College erkennen. Allen voran der im viktorianischen Stil erbaute Turm der Burns-Bibliothek. Es war nur noch ein Katzensprung bis zum Ziel – gemessen an der Strecke, die bereits hinter ihnen lag. Brian hatte seine Geschwindigkeit den gesamten Anstieg zum Heartbreak Hill nicht geändert, doch die lauten Schritte in seinem Rücken zeugten unmissverständlich davon, dass die anderen wieder aufholten. Ein Zwischenspurt am Anstieg? Das zeugte von Reserven. Fast hätte er sich umgedreht, um seine Konkurrenten zu begutachten. Brian hatte unzählige Artikel im Vorfeld gelesen, darunter zahlreiche Interviews mit Lauflegenden, aus denen er erfahren hatte, dass sich kaum ein Läufer nach der zwanzigsten Meile verstellen könnte. Die Anstrengung stand jedem ins Gesicht geschrieben und ebenso der Grad der Erschöpfung, der Wille zu gewinnen oder die Zweifel an der eigenen Stärke. Allein eine weitere Regel hielt ihn davon ab, sich umzudrehen: Wer sich umsah, gestand ein, seinen Vorsprung bemessen zu müssen. Es galt als Eingeständnis von Schwäche und würde seine Verfolger nur noch mehr motivieren.

Also lief er sein Tempo weiter und blickte unverwandt nach vorn, der Kuppe des Hügels entgegen und damit auf die Gebäude des Boston College, die er auf der rechten Seite hinter den Bäumen bereits erkennen konnte.

Hatte da nicht etwas auf dem Dach des Turmes geblitzt? Der Turm der Burns-Bibliothek! Was hatte Chris gesagt? Achte auf erhöhte Positionen! Die Turmspitze wurde von Zinnen gesäumt. Das wies auf ein ebenes, begehbares Dach hin. Und nach Chris' Definition wäre dies sicherlich eine ideale, erhöhte Position!

Nur einen winzig kleinen Nebengedanken hatte Brian in diesem Moment für die Möglichkeit übrig, dass er unter Verfolgungswahn leiden könnte. Die NSA hatte bereits zweimal bewiesen, dass sie sich nicht um die Millionen Zuschauer an den Bildschirmen und die Tausende an der Strecke scherten. Die vorher von ihm angenommene Sicherheit in der Spitzengruppe relativierte sich mit jedem gelaufenen Meter. Sie würden es wieder versuchen, solange noch die vage Chance auf Erfolg bestand!

Brian wurde schlagartig klar, dass er momentan ein erstklassiges Ziel abgab. Er lief allein, nirgendwo bot sich die Möglichkeit einer Deckung, und das dort auf dem Dach war mit Sicherheit ein Zielfernrohr!

Joe Louis, der große Boxer, hatte einmal gesagt: „Du kannst weglaufen. Aber du kannst dich nicht verstecken!"

Heute, so dachte sich Brian, hätte er nicht einmal damit Recht behalten. Allein die Tatsache, dass noch kein Schuss gefallen war, gab ihm Hoffnung. Doch worauf wartete der Schütze?

Brian war zuerst unabsichtlich, doch dann bewusst langsamer geworden. Vielleicht würde er sich in der Gruppe verstecken können. Wenn der Schütze vorher nicht erkannte, dass er ihn bemerkt hatte, blieb Brian diese geringe Chance.

Noch hatte er die Kreuzung nicht erreicht. Und die Schritte seiner Verfolger waren schon nah. Brian hatte zu keinem Moment des bisherigen Laufs erwartet, dass er sich so sehr über die Konkurrenten in seinem Nacken freuen würde! Endlich! Endlich waren sie da! Neben ihm. Um ihn. Brian schob sich hastig zwischen die Kenianer und den Russen und passte sich der von ihnen gelaufenen Geschwindigkeit an. Fast geduckt lief er mit den anderen mit, blieb hinter ihnen zurück, versteckte sich zwischen ihnen.

In wenigen Sekunden würden sie gemeinsam die Kreuzung überqueren …

„Was treibt denn Longer da? Es gab scheinbar keine Veranlassung für ihn, auf die anderen zu warten. Spielt Longer bereits mit seinen Gegnern? Ist er sich seiner Reserven wirklich so sicher?“

„Sehen Sie, was jetzt passiert? Longer hängt sich an das Ende der Gruppe, fast als suche er ihren Windschatten!“

Rachel verfolgte die Bilder von Channel Five auf dem Monitor.

„Sie haben Freigabe, Gibson! Handeln Sie nach eigenem Ermessen!“

„Das Ziel ist nicht mehr frei!“, antwortete der Schütze.

Rachel Parker schien das egal zu sein.

„Gibson! Schießen Sie endlich!“

Brian veränderte erneut seine Position. Blieb kurz hinter Curran. Sprang dann hinter Bacha. Zeigte sich für einen Augenblick und suchte sofort wieder Deckung hinter dem Spanier. Schon wollte er einen weiteren Haken schlagen, als der Iberer vor ihm, wie von der sprichwörtlichen Axt gefällt, zu Boden fiel – und Brian durch ihn ebenfalls zu Fall kam.

Das Kreischen, die Geräusche um ihn herum, die Anfeuerungsrufe erstarben augenblicklich auf den Lippen der Zuschauer. Wie in Zeitlupe nahm Brian seinen eigenen Sturz wahr. Dann bemerkte er Alonso Bacha, den Läufer mit der Nummer Acht, neben sich auf dem Boden der Commonwealth Avenue und wollte gerade, einem ersten Gefühl folgend, versuchen, dem Konkurrenten aufzuhelfen. Doch der lag wie betäubt auf dem warmen, noch immer nassen Asphalt. Immerhin: Die plötzliche Stille machte es möglich, dass Brian ihn atmen hören konnte. Doch das war auch schon alles, was der Spanier an Lebenszeichen von sich gab.

Brian wollte sich aufrappeln, doch bevor er nur einen Finger bewegte, wurde ihm bewusst, dass sein Instinkt ihn nicht getrogen hatte. Jemand hatte auf ihn geschossen! Und vielleicht war es gut, dass er über den Spanier gefallen war. Ein weiterer Tipp aus Chris' nie versiegendem Fundus an guten Ratschlägen fiel Brian jetzt ein: Wenn du am Boden liegst, stell dich tot!

Hundertmal mochte Chris ihm solche Plattitüden um die Ohren gehauen haben, und ebenso viele Male meinte Brian diese vermeintlich nutzlosen Ratschläge überhört zu haben. Doch die Tatsache, dass sein Gedächtnis diesen Tipp in dieser Situation abgerufen hatte, zeigte ihm, dass Chris' Holzhammermethode wider Erwarten Erfolg gezeigt hatte.

Also blieb Brian regungslos neben dem schwach atmenden Bacha liegen. Der lag mit dem Gesicht zu ihm, seinen Körper fast wie in der stabilen Seitenlage verschränkt. Brian konnte kein Blut sehen. Weder an dessen Brust noch irgendwo tiefer fand sich etwas, was dem hellroten Trikot des Spaniers mehr Kontrast verliehen hätte. Brian nahm an, dass das Geschoss den Iberer von vorn getroffen haben musste. Das Ausbleiben von Blut konnte somit nur eines bedeuten: Gummigeschosse!

Natürlich konnte die Agency nicht riskieren, Brian ernsthaft zu verletzen, bevor sie in die Nähe seines Blutes gelangten. Sie konnten nicht wissen, ob die Substanz sich durch erhöhten Blutverlust oder Gerinnung verändern würde. Sie mussten ihn unversehrt in ihre Finger bekommen!

Als Brian diese Schwäche im NSA-Plan erkannt hatte, musste er lächeln.

Mit Blick auf den Bildschirm sprach Miss Parker leise, aber deutlich ins Mikro: „Gut gemacht, Gibson! Ziehen sie sich zurück. Myers? Sie schicken den Krankenwagen los. Das Team soll Longer bergen. Wir sind in zwei Minuten bei Ihnen und kümmern uns um den Rest! Ach so, eines noch … Sie dürfen ruhig die Sirene benutzen!"

„Oh, nein! Ein wahres Drama spielt sich vor unseren Augen ab, meine Damen und Herren! Eben noch jubelten wir einem Newcomer auf dem Weg zu seinem ersten Marathonsieg zu, schon liegt er mit einem anderen Läufer regungslos auf dem Asphalt der Laufstrecke. Noch wissen wir nichts über die Ursache, die zu dieser Situation führte. Eine Frage an die Regie, könnt Ihr die verlangsamte Wiederholung einspielen?"

In dem Moment, als Brian die Sirene hörte, wurden auch wieder Rufe laut. Doch waren es diesmal keine Anfeuerungsrufe. Vielmehr verlangten die Umstehenden, dass der Krankenwagen durchgelassen werden sollte. Einige der Ordner waren zu ihnen getreten und begannen, sich um Bacha zu kümmern. Brian konnte aus dem Augenwinkel erkennen, dass zwei weiß gekleidete Männer aus dem Krankenwagen ausstiegen und direkt auf ihn zukamen. Das war der Moment, als er aufsprang und unter dem sofort laut werdenden Jubel der Zuschauer der abermals enteilten Spitzengruppe hinterher stürmte.

„Gute Nachrichten, liebe Zuschauer von Channel Five! Alonso Bacha, der Läufer mit der Nummer Acht, der eben noch auf dem Boden der Commonwealth Avenue lag, ist wieder auf den Beinen! Zwar hält er sich die Brust, doch kümmern sich bereits Ärzte und Helfer um ihn."

„Doch was noch unglaublicher klingt: Fred Longer ist zurück im Rennen! Während wir im Replay noch nach der Ursache des Doppelsturzes suchten, sprang Nummer 368 wieder auf die Füße und rannte den vier Führenden hinterher, als wäre der Leibhaftige direkt auf seinen Fersen!"

Als Justyna Hunter meldete, dass Fred Longer zurück im Rennen sei, atmete Rachel Parker lediglich einmal deutlich hörbar ein und aus. Wortlos zog sie sich den Umgebungsplan heran und blickte unter ihren fehlerfrei gezupften, doch nun vor Wut zur Mitte spitz zulaufenden Augenbrauen hervor auf den Bildschirm des einzig interessanten Fernsehsenders an diesem Tage. Zum Abschlusssatz der Kommentatorin bemerkte sie wie nebensächlich und so leise, dass es gerade einmal der direkt neben ihr stehende Mike Lynch hören konnte: „Nicht der Leibhaftige! Nur eine unbedeutende Dienerin des Staates …"

Richard hatte den Van bis auf achtzig Meter an die Burns-Bibliothek heranmanövriert und hielt am rechten Straßenrand an. Als er sich dem hinteren Teil des Wagens zuwandte, sah er Miss Parker, die erneut die Karte studierte und seine beiden Kollegen, die wiederum Rachel Parker beobachteten.

„Ich denke, das war's!", sagte Steve Jacobson in die entstandene Stille hinein und blickte Miss Parker erwartungsvoll von der Seite an.

„Und ich weiß, dass Sie sich irren! Wir besitzen noch mindestens eine Möglichkeit, Longer zu schnappen!"

„Welcher geniale Plan sollte das jetzt noch möglich machen? "

„Warten Sie es ab! Sie werden auf jeden Fall live dabei sein!", entgegnete Rachel bedeutungsvoll.

Das Telefonklingeln unterbrach den aufkommenden Disput. Mike nahm ab und übergab seiner Chefin das Telefon: „Officer Brown von der Spurensicherung."

Miss Parker schien das Gespräch mit Steve sofort vergessen zu haben. Sie nahm den Anruf jedoch noch nicht an, fragte stattdessen in Mikes Richtung: „Hatten Sie eigentlich etwas in den Grundrissplänen gefunden? Irgendeinen Hinweis auf Geheimgänge?"

Mike verneinte. Daraufhin wies sie Mike mit einer lautlosen Handbewegung an, das Gespräch auf die Lautsprecher zu schalten.

„Parker hier, was haben Sie herausgefunden?"

„Es war tatsächlich Thermit, wie von Ihnen gemeldet. Ungewöhnlich war dabei allerdings, dass die Anordnung der Brennladungen, soweit sich das überhaupt rekonstruieren ließ, wie die in einer Brennkammer wirkte. Wir müssen wohl davon ausgehen, dass der Tote genau wusste, was er tat."

Miss Parker schien für einen Moment wie paralysiert. Nach ihrem burschikosen und überaus kaltherzigen Auftritt auf dem Wellesley College überraschte das besonders Mike und Steve. Nur Richard, der danach ihre verwischte Schminke bemerkt hatte, gestand ihr diesen Moment offensichtlich ehrlicher Erschütterung zu.

„Haben Sie seine Leiche gefunden?“, fragte Rachel, und ihre Luftröhre schien für einen Augenblick eng und trocken.

„Fehlanzeige. Allerdings müssen Sie bedenken, dass sich in diesem Keller eine Hitze von nahezu zweitausend Grad Celsius entwickelt hatte. Da bleibt wenig Verwertbares übrig … Zumindest kein menschlicher Körper!“

Miss Parker sah mit ungläubigem Gesicht in die Runde und fragte nach: „Ein Körper kann vollständig verbrennen?“

„Nichts anderes geschieht in einem Krematorium, Mam. Womit wir wieder bei der Brennkammer wären. Der Tote hat seine Einäscherung perfekt durchgeführt!“

Rachel schüttelte den Kopf und schwieg einen Moment. Mit schmalem Mund sah sie erst Richard, dann Steve und schließlich Mike an.

„Mam, wäre das alles?“, fragte der Mann von der Spurensicherung nach.

Rachels Antwort kam zögerlich, als warte sie noch auf eine Eingebung, die vielleicht schon in der nächsten Sekunde den Weg über ihre Lippen finden würde.

„Ja – ich denke schon. Vielen Dank, Officer Brown. Ach, eine Frage habe ich doch noch! Haben Sie den Kellerraum auf verborgene Ausgänge untersucht?“

„Das haben wir“, bestätigte der Officer, ohne jedoch Rachel den Gefallen zu tun, seine Erkenntnis mit ihr zu teilen.

„Und?“, fragte sie ärgerlich nach.

„Thermitbrände können nur mit einem Spezialpulver gelöscht werden. Das Pulver und die Asche haben den Raum in den schwärzesten Ort auf Erden verwandelt. Wir sind beinahe knöcheltief in diesem Gemisch gewatet und …“

„Officer Brown! Sie erinnern sich noch an meine Frage?“, fuhr ihn Miss Parker an.

„Entschuldigung. Nein, es gibt keinen zweiten Ausgang. Dieser Keller wurde Anfang des vorigen Jahrhunderts erbaut. Lange nach der Zeit geheimnisvoller Schlösser mit versteckten Gängen. Und weit vor der Zeit, aus Brandschutzaspekten einen Notausgang zu planen. Ich muss Sie enttäuschen."

Mit leisem Zähneknirschen wies sie Mike an, die Verbindung zu trennen.

„Nun gut", versuchte sie sich zu sammeln. Das Gehörte passte scheinbar nicht zu dem von ihr Erwarteten.

„Johnson hat uns also wirklich und wahrhaftig seinen ausgestreckten Mittelfinger gezeigt!"

Damit sah sie abermals zum Fernsehbild und verschränkte die Arme vor ihrer Brust. Ihre linke Hand führte sie aus dieser Position als leicht geöffnete Faust vor ihren Mund, um so zu verharren. In dieser Position schloss sie für einen Moment die Augen und wartete auf eine Eingebung. Schließlich öffnete sie die Lider und fragte kurzerhand: „Ihre Vorschläge, meine Herren?"

Die im bisherigen Verlauf der Aktion zu Stichwortgebern reduzierten Agenten waren von dieser Frage allesamt überfordert. Parker hatte die gesamte Jagd über das Zepter geschwungen, war die treibende Kraft, die innovative Planerin jedes Angriffs. Mike, Steve und Richard hatten, wenn auch aus unterschiedlichen Gründen, jedwede Form der Initiative aufgegeben. Sie nun ohne Vorwarnung zurück in den Stand als helfende Kraft zu befördern, war beinahe schon grausam!

„Sie hatten eben erwähnt, einen weiteren Plan zu besitzen", spielte Steve auf Zeit.

„Stimmt. Aber ich möchte Ihre Gedanken hören! Sehen Sie es als Ihre Möglichkeit einer Differentialanalyse. Schließlich könnte ich mich irren ..."

Richard musste schmunzeln.

„Ich weiß nicht, was Sie damit bezwecken. Sie haben einen Plan? Gut! Wir haben nicht die Zeit, uns noch Alternativen auszudenken. Es ist jetzt …“, Brunner sah kurz auf seine Armbanduhr und fuhr fort, „ … genau 11.47 Uhr und einundvierzig Sekunden. Longer hat keine zwanzig Minuten mehr bis zum Ziel. Er läuft weiter, und wir sitzen hier rum! Entweder Sie verraten uns Ihren Plan, oder ich setze mich wieder hinters Steuer und fahre uns an einen weiteren Abfangpunkt …“

Richard konnte den Satz nicht beenden. Zu gerne hätte er eine sinnvolle Lösung für ihr Problem präsentiert, doch sein Einwand blieb unvollständig. Genau genommen hatte er keine Idee, wo sich ein Zugriff lohnen würde und wo nicht. Miss Parker hatte großes Improvisationstalent bewiesen. Jeder Fehlschlag wurde von ihr sofort mit einem neuen, besseren Versuch gekontert. Ihr neuer Plan würde wieder durchführbar, zielstrebig und Erfolg versprechend sein. Wie die anderen davor …

„… wirklich keine Überraschung, dass Longers letzte Meilenzeit erstmals über fünf Minuten liegt. Allerdings scheint er trotz des relativ großen Abstands zur Spitze noch nicht geschlagen. Sein Gesicht zeigt Entschlossenheit, sein Körper scheint vor Kraft nur so zu strotzen. Kein Zweifel, Fred Longer will heute und hier noch mehr als seinen derzeitigen fünften Platz. Und seien wir ehrlich: Sollte er jetzt noch dieses Rennen gewinnen, dann würde er damit ein unvergessliches Stück Marathongeschichte schaffen!“

„Genau das ist unserem Überraschungsgast bereits gelungen! Wie eingangs kurz erwähnt, gesellt sich eine weitere Legende zu uns. Ein herzliches Willkommen dem bislang letzten amerikanischen Olympiasieger im Marathonlauf, Frank Shorter!“

Als Justyna Hunter von Channel Five den Namen des Studiogastes nannte, horchte Miss Parker auf und vergaß für einen winzigen Moment den Disput mit Richard.

„Shorter und Longer, welch ein Zufall! Kein Wunder, dass niemand je zuvor von Fred Longer gehört hat", sprach Mike aus, was wohl alle dachten.

„Niemand hier hat angenommen, Longer wäre sein echter Name! Aber diese kleine Reminiszenz an eine frühere Ikone zeugt von einem feinen Sinn für Humor!"

„Fred Longer könnte dennoch ein Anagramm seines wahren Namens sein", gab Steve zu bedenken.

„Okay, schicken Sie's durch den Computer", spielte Rachel den Ball sofort zurück, um sich dann wieder Richard zu widmen.

„Sie haben Recht! Uns rennt die Zeit davon! Und Longer mit ihr. Aber wir haben noch eine Möglichkeit, ihn zu schnappen!" Damit streckte sie ihren Arm in Schulterhöhe aus, spreizte den Zeigefinger senkrecht ab und ließ ihre Hand auf die Karte fallen. Ihr Finger landete dabei auf der Kreuzung Beacon Street und Park Drive.

„Mike, Steve und ich werden jetzt unsere Ausrüstung anlegen. Danach besteigen wir den Helikopter und fliegen hinüber zu dieser Kreuzung. Richard, Sie fahren mit dem Wagen über die Commonwealth Avenue und kommen ebenfalls zur Beacon, Ecke Park Drive. Longers Blut können wir nur mit der Ausrüstung im Van ausreichend untersuchen. Können Sie in acht Minuten dort drüben sein, Richard?"

Dabei nickte sie zur Karte, wo ihr Finger immer noch wie festgenagelt auf den Zielkoordinaten ruhte. Richard grinste sie schief an. Wahrscheinlich, so dachte er, hatte Miss Parker nur ein weiteres Mal zeigen wollen, wie unverzichtbar sie für dieses Team war.

„Wenn Sie die Ausrüstung unterwegs anlegen, bin ich schon so gut wie weg“, entgegnete er, ohne den von ihr erwarteten, spöttischen Unterton.

Rachel vermochte nicht zu sagen, was Brunner veranlasste, sich wieder zum halbwegs folgsamen Befehlsempfänger zu wandeln. Ihr war in diesem Moment nur wichtig, dass Richard seinen Job erledigte. Alles andere war sekundär.

Sie verließ mit Mike, Steve, den schusssicheren Westen und Helmen den Van. Mike humpelte immer noch mehr schlecht als recht. Offensichtlich hatte sein Knie beim Sturz vom Motorrad bleibenden Schaden genommen. Dass Steve zuvor drei Taser* eingesteckt hatte, bemerkte sie nicht. Gerade wollte sie zu dem auf dem Campus wartenden Helikopter laufen, als sie mit einem Ohr den aktuellen Kommentar von Channel Five hörte:

„Nach einem verregneten Start klart der Himmel weiter auf, und wir dürfen doch noch auf einen sonnigen Zieleinlauf hoffen!“

Rachel überzeugte sich mit einem Seitenblick, dass Steve und Mike sie hören konnten und fügte boshaft hinzu: „… das dann allerdings ohne Fred Longer!“

---

* Elektroschockpistole mit einer Reichweite von zirka zehn Metern.

10

Durch das Dröhnen der Rotoren hindurch versuchte Steve Jacobson Miss Parker zu fragen, was denn genau ihr Plan sei. Er musste fast schreien und brauchte zwei Versuche, ehe sie ihn verstand. Dann endlich war auch Mike eingestiegen und schloss die Tür hinter sich. Der Lärmpegel halbierte sich schlagartig, blieb jedoch weiterhin unerträglich.

Der Pilot reichte den Dreien hinter sich die üblichen Head-Sets und versuchte, mit knapper Geste zu vermitteln, dass sie endlich diese Dinger aufsetzen sollten.

Kaum hatten alle die Kopfhörer auf den Ohren, stellte Miss Parker klar, dass sie beabsichtigte, auf der ausgewählten Kreuzung zu landen, um Longer mit vorgehaltener Waffe zum Einsteigen in den Van zu bewegen.

Sofort meldete Mike – deutlich zu laut – seine Bedenken an: „Sie verstoßen damit gegen die erste Direktive!"

„Ich weiß!", fauchte Miss Parker zurück und fügte nur geringfügig leiser hinzu, „aber wenn ich es nicht tue, war alles vergebens! Longer darf uns nicht entwischen!"

„Ohne vorherige Freigabe aus Fort Meade halte ich das für ein Karriere gefährdendes Wagnis", streute Steve ein und offenbarte damit endgültig seine Motivation.

„Und wie wollen Sie das den Medien verkaufen? Eine Festnahme während des Boston Marathons wird den Weg über CNN in alle Haushalte dieser Welt finden ...", ergänzte Mike, der offensichtlich erkannt hatte, worauf es im Geheimdienst-Business ankam.

„Dafür haben wir unsere Public Relations Abteilung. Unser Team jedoch wurde dazu ausgebildet zu handeln. Und das werden wir, verdammt noch mal, auch tun!"

Der Helikopter legte sich in die Kurve und überflog dabei den Cleveland Circle, einen Verkehrsknotenpunkt am Rande des Chestnut Hill Parks. Ab hier wurde aus der Beacon Street eine Allee, in deren Mittelstreifen die U-Bahn der Greenline noch auf ebenerdigen Gleisen fuhr. In den Untergrund würden die Schienen erst sehr viel weiter hinten auf der Beacon Street führen, etwa auf Höhe der Station St. Marys.

Der Pilot machte sich kurz durch ein Räuspern bemerkbar.

„Direkt vor uns ist der Heli vom Fernsehsender! Ihre Anweisungen?"

Das war offensichtlich an Miss Parker gerichtet.

„Überholen Sie ihn! Wir müssen sowieso vor der Spitzengruppe runter gehen!"

Der Pilot nickte. Mit knappen Lenkbewegungen verließ er die Ideallinie über der Beacon Street. Er hatte sich entschlossen, links am anderen Hubschrauber vorbei zu fliegen und bewegte sich damit über die Vorortvillen der Salisbury und Windsor Road hinweg. Keiner der Passagiere hatte auch nur einen einzigen Blick dafür übrig.

Vielmehr sahen alle hinüber zu dem anderen Helikopter im Bostoner Luftraum. Als sich der Kameramann dort anschickte, sein Arbeitsgerät auf das Flugobjekt der State Police zu richten, forderte Rachel vom Piloten, die Geschwindigkeit zu erhöhen. Augenblicklich neigte sich der Helikopter weiter nach vorn und brachte sie so aus dem Aufnahmebereich von Channel Five.

„Als wäre der heutige Marathon nicht schon randvoll an Zwischenfällen, mischt nun auch noch ein Hubschrauber der State Police mit."

„Scott, ich würde Wetten darauf annehmen, dass es wieder mit Fred Longer zu tun hat!"

„Wir alle hoffen, dass dem nicht so ist, Justyna. Aber der Fairness halber nehme ich deine Wette an."

„Fast unnötig, unsere Studiogäste zu fragen, ob sie jemals etwas Vergleichbares erlebt haben. Bill, Frank?“

„Wie Sie sehen können, schütteln Bill Rodgers und Frank Shorter gemeinschaftlich die Köpfe. Alle hier sind der Meinung: Kein Lauf ist mit dem heutigen Boston Marathon vergleichbar, und Channel Five ist stolz, Ihnen dieses Ereignis präsentieren zu dürfen.“

„Und dass es ein unvergessliches Ereignis wird, könnte weiterhin an dem neuen Wunderläufer Fred Longer liegen. Die Spitzengruppe befindet sich jetzt kurz vor Coolidge Corner und damit unmittelbar vor Meilenstein Vierundzwanzig. Eine Stunde und fünfundfünfzig Minuten sind seit dem Start in Hopkinton vergangen, und die Spitzengruppe ist weiterhin im Bereich einer möglichen neuen Weltbestzeit.“

„Doch das Unglaubliche daran: Fred Longer bleibt trotz der Rückschläge ganz dicht dran. Er ist inzwischen wieder bis auf zwanzig Meter herangekommen, und das lässt die versammelte Weltspitze ziemlich blass aussehen. Welche Zeit hätte Longer laufen können, wäre er von den Zwischenfällen verschont geblieben?“

„Der Helikopter der State Police hat sich wieder von den Läufern entfernt und ist weiter voraus geflogen. Es scheint, dass du die Wette gewonnen hast, Scott.“

Die Trauer blieb! Chris war für Brian wie ein enges Familienmitglied gewesen – mehr noch – kein Teil seiner Familie hatte ihm je so viel bedeutet wie Christopher Johnson. Brians Mutter war viel zu früh gestorben, um sie wirklich vermissen zu können. Blieb sein Vater. Und der schien alles dafür getan zu haben, nicht von seinem Sohn geliebt zu werden. Vielleicht hatte Chris deswegen – trotz seiner menschlichen Defizite – leichtes Spiel mit Brian gehabt. Und vielleicht hätte sich Brian nie in eine Frau wie Elaine verliebt.

Brian dachte, dass möglicherweise ein ihm unbekannter, jedoch alles verbindender Grund existierte, warum er seinen Freunden grenzenlos zugetan war, den verbliebenen Rest seiner Familie jedoch abgrundtief hasste. Über diesen Gedanken wurde ihm klar, dass die Schwermut ihn fester im Griff hielt denn je.

Denn Chris war tot ...

Und Elaine so unendlich fern!

Dessen ungeachtet hatte er die Spitzengruppe auf der Mitte der Beacon Street den Weg hinunter zur Commonwealth Avenue beinahe erreicht. Zehn mickrige Meter fehlten ihm noch. Brian war sich nicht sicher, ob ihm seine Aufholjagd genug Reserven gelassen hatte, den Lauf tatsächlich noch zu gewinnen. Noch fühlte er sich körperlich frisch und überlegen genug, weiter zu attackieren. Er hatte sich entschieden, alles zu versuchen und die Uhr an seinem Handgelenk ausgeschaltet zu lassen. Wenn er dazu verdammt war, kurz vor dem Ziel zu scheitern, dann wollte er es erst in diesem Moment erfahren, keine Sekunde vorher! Solange sollte sein Traum – ihr gemeinsamer Traum – weiterleben.

Endlich hatte er die Spitzengruppe erreicht. Nur vier Läufer waren übrig geblieben. Sein Landsmann Roy Curran, das erkannte Brian sofort, als er direkt neben ihm lief, hinterließ im Club der Besten keinen guten Eindruck mehr. Der Russe Oleg Zarinow, der schräg vor ihm lief, schien deutlich lockerer über den Asphalt zu fliegen. Doch das war noch nichts im Vergleich zu den beiden gemeinsam in Front laufenden Kenianern Roger Koskai und Samuel Endraba. Sie schienen die größten Reserven zu besitzen und zeigten das mit jedem ihrer leichtfüßigen Schritte. Doch wie gut sie wirklich waren, konnte Brian nur auf eine Weise herausfinden.

„Es ist zum Niederknien faszinierend, meine Damen und Herren! Fred Longer will das Unfassbare wahr machen und greift, kaum dass er sich wieder herangekämpft hat, sofort nach der Führung."

„Scott, sehen Sie! Das scheint zu viel für Roy Curran mit der Nummer Sechzehn zu sein. Er läuft zur Seite, wird langsamer und scheint das Rennen aufzugeben."

„Longer hat Currans Willen gebrochen."

„So muss es sein! Bill – stimmt es, dass der Lauf im Kopf entschieden wird?"

„Natürlich gehört der unbedingte Wille zum Sieg dazu. Wenn ich nicht gewinnen will, werde ich es auch nicht schaffen, egal, wie schnell ich laufen kann."

„Kann Longers erneutes Auftauchen aus dem Nichts also Curran vollends demoralisiert haben, Frank?"

„Denkbar wäre es. Aber Roy sah auf den letzten Meilen ohnehin nicht mehr frisch aus. Möglicherweise kam dann eins zum anderen …"

„Die verbliebenen drei Läufer scheinen jedoch Longers Vorstoß Paroli bieten zu wollen. Das verspricht einen spannenden Endkampf!"

Brian lief vor Koskai und Zarinow. Endraba war auf die andere Fahrbahnseite gewechselt und hielt sich ungefähr gleichauf. Zum ersten Mal hatte sich Brian Harding nur auf den Lauf konzentriert, und so war ihm das Knattern des zweiten Rotorensatzes über ihm entgangen. Erst als der Helikopter mit dem Wappen der State Police ungefähr zweihundert Meter vor ihm über der Beacon Street schwebte, wusste er, dass es noch nicht vorbei war.

Wir machen es in Boston, hatte Chris gesagt. Und mit jedem weiteren Schritt wurde Brian klar, was sein Freund damit gemeint hatte. Wenn die Agency hinter ihm her war, dann musste sie sich anstrengen, Schritt zu halten. Auf einer geraden Strecke konnte er immer wieder davonlaufen. Auf einem Rundkurs hingegen hätten sie ihn leichter abpassen können.

Dreimal war er ihnen bereits entkommen. Dreimal hatte er seine Feinde mit Glück und Verstand zum Narren gehalten. Doch seine Gegner hatten dazugelernt. Brian konnte so schnell laufen wie er wollte, einem Hubschrauber war er nicht gewachsen.

„Mam, der Heli des Senders fliegt direkt auf uns zu!"

„Ignorieren Sie die TV-Heinis! Gehen Sie runter! Mitten auf der Kreuzung! Jetzt!"

Der Pilot hielt den Hubschrauber direkt über der Kreuzung in der Schwebe. Wie ein Greifvogel, der seine Beute ausspähte, bevor er zuschlug.

Miss Parker sah aus dem Seitenfenster hinunter zum Park Drive und konnte Richards Van nirgendwo entdecken. Sie hatte geahnt, dass es unmöglich war, in acht Minuten den Weg vom College hierher zu fahren.

„Richard? Können Sie mich hören?"

„Laut und deutlich. Vor allen Dingen aber laut!"

Rachel hatte unbewusst versucht, das Tosen der Rotoren zu übertönen. Jetzt sprach sie deutlich leiser, fast so leise, dass sie sich selbst kaum reden hörte.

„Wo sind Sie?"

„Bin gleich da. Höchstens noch eine Minute!"

„Okay! Machen Sie auf sich aufmerksam, wenn Sie hier sind! Ist gerade ziemlich laut hier. Und bereiten Sie das Labor vor! Wenn wir Longer haben, werden wir sein Blut sehr schnell analysieren müssen."

„Geht klar!"

Als sie zurück auf die Beacon Street blickte, die sie gerade überflogen hatten, konnte sie die vier in der Spitzengruppe

Verbliebenen bereits deutlich erkennen. Die Afrikaner hatten sich getrennt und liefen jeweils am linken und rechten Rand der linken Fahrbahnhälfte. Die beiden hellhäutigen Läufer bewegten sich zwischen ihnen. Der Russe trug ein weißes Trikot mit roten Streifen. Longer hatte wie die Kenianer ein rotes Shirt an.

Ihr Ziel war somit leicht auszumachen. Und es war höchstens noch hundertunddreißig Meter entfernt!

Der Pilot setzte den Helikopter so langsam auf der Kreuzung auf, als müsste er auf rohen Eiern landen. Zwar lag der Schnittpunkt der Beacon Street und des Park Drive über dem Tunneleingang der Green Line, doch war der Hubschrauber bei weitem nicht so schwer, dass der Pilot befürchten müsste, etwas zum Einsturz zu bringen.

Mike war zur Ausstiegstür getreten und hielt sich bereit, sie aufzureißen. Steve gab ihm einen Taser und überreichte Miss Parker einen zweiten.

„Damit entwischt er uns garantiert nicht!“, behauptete Steve Jacobson und griente feierlich.

Rachel war dermaßen überrascht, dass ihr sekundenlang kein Wort über die Lippen kam. Derweil hatte der Helikopter aufgesetzt, und Steve war zu Mike an die Tür getreten.

„Sind Sie bereit?“, fragte Mike Lynch seine sprachlose Einsatzleiterin.

„Wir werden die Taser nicht benutzen!“

Jetzt war es Steve, der einen Moment sprachlos war.

„Miss Parker – er ist schnell! Wir haben kaum Alternativen. Sollen wir ihm etwa eine Kugel ins Knie jagen? Vor all den Zuschauern?“

Seine Entrüstung war diesmal echt. Mike sah hinaus und bemaß den Abstand zu Longer neu. Noch hundert Meter!

„Denken Sie nach!“, konterte Miss Parker. „Wir wissen nicht, wie das Dopingmittel auf einen Elektroschock reagiert! Der Strom könnte als Katalysator für chemische Reaktionen dienen. Die Substanz würde im Blut reagieren, sich zu neuen Molekülen verbinden, ihre Wirkung verlieren! Wir würden nie erfahren, wie sie funktioniert. Das kann und werde ich nicht riskieren! Ich verbiete Ihnen, die Taser zu benutzen!“

Mike schien überzeugt. Er legte seinen Taser zurück auf einen der Sitze, nahm seine Pistole aus dem Halfter und trat wieder an die Tür.

Jacobson machte ein Gesicht wie ein trotziges Kind. Er wollte sich von seiner Elektroschockwaffe nicht trennen.

Parker sah an den beiden Männern vorbei und stellte fest, dass die Gruppe um Longer die Subwaystation St. Marys erreicht hatte. Es blieben ihnen noch achtzig Meter.

„Steve! Geben Sie mir die Waffe, und dann schnappen wir uns Longer auf die konventionelle Art! Drehen Sie sich um, er ist fast hier!“

Jacobson funkelte sie böse an, warf den Taser auf den Boden und riss im selben Augenblick die Tür auf. Er sprang als erster unter die sich immer noch drehenden Rotoren. Mike und Rachel folgten ihm halbwegs geduckt hinaus auf die Beacon Street. Mit kurzen Zeichen wies Rachel die beiden an, sich so zu verteilen, dass zwischen ihnen nur vier bis fünf Meter Abstand waren und sie die Straße so bestmöglich abdeckten. Dann zog auch sie ihre Waffe aus dem Halfter, stellte sich seitlich zu dem näher kommenden Zielobjekt und hob langsam ihre Pistole in Richtung der auf sie zu laufenden Nummer 368.

Brian konnte erkennen, dass drei Personen mit Helmen, Brillen und Brustpanzern dem Helikopter entstiegen waren und sich in einer Linie auf der Beacon Street positionierten. Er spürte, dass er augenblicklich langsamer wurde. Die Kenianer und der Russe liefen weiter, als ahnten sie, dass sie von den drei Bewaffneten nichts zu befürchten hatten.

Seine Chancen standen einigermaßen gut, dachte Brian, dass sie nicht auf ihn schießen würden. Aber er wusste nicht, ob er es unbeschadet an ihnen vorbei schaffen würde.

Eigenartigerweise hatte Christopher genau diese Situation vorhergesehen. Das Nervige an Genies war, dass sie immer Recht behielten. Das Gute hingegen, dass sie stets voraus planten. Chris hatte für Brian zwei Ausstiegsmöglichkeiten vorbereitet. Das manipulierte Toilettenhäuschen auf der Boylston Street – abgeschlossen und nur von Brian zu öffnen, zudem ohne Toilette, doch mit einem Notausgang zur Kanalisation versehen – würde Brian nach jetziger Lage der Dinge nicht mehr erreichen. Glücklicherweise lag Ausstieg Nummer Zwei direkt vor ihm. Oder vielmehr neben ihm. Die Subwaystation St. Marys war der letzte ebenerdige Haltepunkt, bevor sich die Green Line unterirdisch der Downtown Bostons entgegen schlängelte. Rechts und links der U-Bahn-Gleise stieg die Beacon Street leicht an, während der Schienenstrang nach dem Ende des Bahnsteiges sich sofort dem dunklen Schlund des Tunnelsystems entgegen beugte.

Die Laufstrecke führte auf der rechten Seite der Straße entlang. Brian begann, sich Schritt für Schritt nach links zu orientieren, dichter an die Begrenzungsmauer heran, die die ansteigende Straße von den abfallenden Gleisen trennte. Die Kreuzung lag nur noch vierzig Meter entfernt. Die Situation dort war nahezu unverändert. Der Helikopter der State Police stand mit laufenden Rotoren direkt auf der Mitte der Kreuzung, rechts daneben standen drei Bewaffnete und richteten ihre Pistolen auf ihn. Endraba, Koskai und Zarinow waren an die äußerste rechte Seite der Straße gelaufen und versuchten, dort durchgelassen zu werden. Direkt darüber schwebte mittlerweile der Hubschrauber mit dem knallbunten Logo von Channel Five, und der Kameramann versuchte eifrig, jedes Detail dieser Szenerie zu erfassen.

Noch dreißig Meter.

Die Kenianer und der Russe hatten die Linie der drei Geheimdienstagenten erreicht und wurden mit keiner noch so kleinen Bewegung am Weiterlaufen gehindert.

Die Kuppe der Begrenzungsmauer links neben Brian war über der Straße gerade etwas mehr als einen Meter hoch, doch bis hinunter zu den Gleisen waren es bestimmt mehr als drei Meter. Er musste sich jetzt entscheiden! Würden sie auf ihn schießen, wenn er einen weiteren Fluchtversuch unternahm?

Just in dem Moment fuhr von der linken Einmündung des Park Drive ein dunkler Van auf die Kreuzung und schien, sich mit lautem Hupen bemerkbar machen zu wollen. Tatsächlich ließ sich Brians dreiköpfiges Empfangskomitee für eine Sekunde ablenken.

Und diese Sekunde genügte Brian, um sich über die Brüstung zu schwingen und hinunter auf die Gleise zu springen. Zum Glück kam er sicher auf und konnte sofort an den Schienen entlang auf die Tunneleinfahrt zusprinten.

Brian konzentrierte sich auf den neuen Laufuntergrund. Das Kiesbett unter den Schienen barg bei jedem seiner Schritte die Gefahr, dass er umknicken könnte. Er durfte auf keinen Fall stürzen! Brian hätte auf den Schwellen laufen können, doch würde er dadurch die Deckung aufgeben, die die Begrenzungsmauer ihm so lange bot, bis seine Jäger sich direkt über ihm befanden. Er musste schnell den Tunnel erreichen! Über sich hörte er das doppelte Rotorenpaar … Und so nah, dass es fast neben ihm hätte sein können, den Ruf eines Mannes, er solle stehen bleiben und die Hände über den Kopf heben.

Brian lief weiter. Solange die Kamera von Channel Five auf ihn gerichtet war, würden sie garantiert nicht auf ihn schießen. Fünf Schritte später wusste er, dass er mit seiner Vermutung Recht behalten sollte. Er lief einfach weiter, die letzten Schritte auf das rettende Dunkel zu. Plötzlich ertönte ein Schuss. Brian zuckte zusammen, doch er war nicht getroffen. Gleich war er in Sicherheit. Noch fünf Schritte, drei, einer … Geschafft!

„Sie sehen uns sprachlos, liebe Zuschauer! So etwas hat es, da sind wir uns hier im Studio von Channel Five absolut sicher, noch nicht gegeben! Oder, Justyna?“

„Ein Endkampf ohne Fred Longer? Niemand von uns hätte das vor ein paar Minuten für möglich gehalten!“

„Mit Longer hat dieser Lauf einen großen Kämpfer verloren!“

„Ohne Frage, Scott. Und auch wenn wir uns jetzt auf den schwammigen Untergrund der Mutmaßungen begeben, so kann ich mir doch keinen Grund vorstellen, der ein derartiges Eingreifen in einen laufenden Wettbewerb rechtfertigen würde.“

„Sicherlich, wenn man einen Terrorakt vermuten müsste … Doch habe ich keinen Rucksack auf Longers Rücken gesehen, der eine Bombe oder etwas ähnliches hätte verbergen können! Warum also sollte die State Police mitten im Rennen eine Festnahme versuchen, die sie nach dem Zieleinlauf viel einfacher hätte vornehmen können?“

„Ich fürchte, Scott, das werden wir nie erfahren! Obwohl wir jedem Zuschauer versprechen, dass Channel Five von der State Police umgehend eine öffentliche Stellungnahme verlangen wird.“

„Jetzt, da der Helikopter der Staatsmacht und der ominöse, dunkle Van die Kreuzung wieder für den sportlichen Wettbe-

werb frei gemacht haben, sollten wir uns wieder um den Endkampf der Spitzengruppe kümmern. Wir werden nachher sicherlich noch die Gelegenheit haben, einen Rückblick auf die Ereignisse des heutigen Tages zu werfen.“

„Es hat sich etwas getan in der Gruppe der ersten drei Läufer! Roger Koskai hat sich von Samuel Endraba und Oleg Zarinow abgesetzt. Zwar sind es nur zwanzig Meter, aber so kurz vor dem Ziel kann das bereits die Vorentscheidung gewesen sein!“

„Davon können wir jetzt wohl ausgehen. Wäre Fred Longer noch dabei, würde ich allerdings keinen Dollar auf Koskai setzen. Doch die Nummer 368 hat im Moment sicherlich ein viel ernsteres Problem als das, nicht mehr um den Gewinn des Boston Marathons mitkämpfen zu können …“

Miss Parker ließ Mike und Steve den flüchtigen Fred Longer in den Tunnel verfolgen. Den Helikopter der State Police beorderte sie zurück zur Basis. Sie selbst stieg wieder in den Van und legte zumindest Helm und Brille für einen Moment ab.

„Richard, fahren Sie zum Kenmore Square. Es ist die nächste Station auf der Strecke der Green Line. Steve und Mike werden ihn auf uns zu treiben.“

Richard nickte und wendete den Van. Über den Park Drive wollte er zurück zur Commonwealth Avenue und die hinauf zum Kenmore Square fahren.

Rachel wandte sich wieder ihrem Head-Set zu.

„Steve, Mike, können Sie mich hören?“

Aus ihrem Ohrhörer kam ein lautes Schnarren, das Miss Parker fast veranlasste, sich das Head-Set vom Kopf zu reißen.

„Die Verbindung ist schlecht. Aber wir hören Sie.“

„Haben Sie Sichtkontakt zu Longer?“

„Negativ. Aber es gibt keinen anderen Weg hier raus!“

„Bleiben Sie dran! Und passen Sie auf die U-Bahn auf!“

„Die fährt während des Marathons nicht auf dieser Strecke, Miss Parker.“

„Umso besser!“

Rachel ging nach vorn und ließ sich neben Richard auf den Beifahrersitz fallen.

„Wir haben Longer in der Zange!“

„Sieht tatsächlich danach aus“, bestätigte ihr Richard. „Aber die Sache hat einen Haken: Solange wir ihn nicht haben, verbrennt er weiter die Substanz in seinem Körper. Kenmore liegt nur noch rund eine Meile vom Ziel entfernt. Die Droge in Longers Körper wird sich auflösen! Wenn wir ihn da unten nicht bald schnappen, war alles umsonst!“

„Der Marathonkurs führt direkt an Kenmore vorbei. Wird er nicht versuchen, aus dem Tunnel so schnell wie möglich wieder zurück auf die Strecke zu gelangen?“, fragte Miss Parker, als wüsste sie die Antwort darauf ganz genau.

Richards Antwort verbesserte ihren Wissensstand zu den Regeln des Marathons und verdeutlichte ihr zugleich das Problem, das Richard Brunner gemeint hatte.

„Longer hat die Strecke verlassen. Damit ist er automatisch disqualifiziert.“

Brian schloss die schwere Tür hinter sich so leise, wie es ihm bei dem Alter dieser metallischen Schließanlage überhaupt möglich war. Dann schob er eine massive Metallstange durch das Rad, das mehr an das einer U-Boot-Luke als an die Klinke einer Tür erinnerte.

Sehr wahrscheinlich würden seine Verfolger die Tür inmitten der metallischen Tunnelstützen nicht einmal als solche erkennen. Auf der Seite des U-Bahn-Tunnels befand sich das Rad direkt hinter einem Stützpfeiler und blieb so oberflächlichen Blicken leicht verborgen. Dennoch wollte er kein Risiko eingehen und diesen Ort so schnell wie möglich verlassen. Aber dafür musste er eine eventuell folgenschwere Entscheidung treffen. Er brauchte Licht, und seine Sportarmbanduhr enthielt auch eine Taschenlampe. Doch um die Lampe nutzen zu können, musste er die Uhr einschalten, und damit riskierte er, von der Agency lokalisiert zu werden. Andererseits war es in diesem uralten Verbindungsgang hinüber zur zweihundert Meter entfernten Fenway Station der Green-Line-Parallelstrecke stockfinster. Und es gab einen Teil in seinem Plan, für den es unbedingt von Vorteil war, zumindest etwas Licht zu besitzen.

Sein Kumpel Chris hatte, auf die Lampe bezogen, gesagt: In dem Gang kann einiges wegkommen. Nur, was du mit hinein nimmst, hast du auch sicher zur Hand, wenn du es brauchst. Chris' Aussage schloss das vorherige Deponieren einer Taschenlampe im Tunnel damit aus. Ursprünglich klang das plausibel. Allerdings hatte Brian seit knapp einer Stunde nicht mehr das allergrößte Vertrauen in die Pläne des vermeintlichen Genies Christopher Johnson. Wahrscheinlich hatte der auch nicht vorhergesehen, dass er seinem Freund mit der Uhr ein potenzielles Risiko ans Handgelenk gebunden hatte.

Doch alles Zögern nutzte nichts. Brian musste den Gang verlassen, bevor die Agency merkte, dass er sich nicht mehr im U-Bahn-Tunnel aufhielt. Er tastete nach der Krone seiner Uhr und schaltete sie mit einem leisen Seufzer ein.

Im selben Moment sprang eine Überwachungsdiode im Van von Rot auf Grün. Nur befand sich dieses winzige Lämpchen an einem so genannten Serverboard hinten im Wagen, und Rachel und Richard saßen im Fahrerhaus und konzentrierten sich darauf, möglichst schnell Kenmore Square zu erreichen. Sie waren nicht mehr weit von ihrem Ziel entfernt!

Dank des Lichts kam Brian zügig im Gang voran. Einmal nur strauchelte er, als er eine Unebenheit im Boden nicht rechtzeitig als solche erkannt hatte. Doch die ersten achtzig Meter waren schnell zurückgelegt, und so erreichte Brian den Verteilerraum, der womöglich noch aus der Zeit der Inbetriebnahme dieser ersten unterirdischen ‚Straßenbahn' der USA zu stammen schien. Hinter zwei offenbar nachträglich verstärkten Metallpfeilern fand Brian all das vor, was Chris dort deponiert hatte: normale Straßenkleidung, ein wirksames, doch unaufdringliches Deodorant, eine Atemschutzmaske, eine Plastikplane, eine Plastiktüte, Gummihandschuhe und einen Keramikbehälter.

Diese deutlich zu groß geratene Schale nebst Deckel war der Grund, weshalb Brian nicht auf Licht verzichten konnte. In dem Behälter befand sich konzentrierte Salzsäure. Die Agency sollte selbst dann keinen Hinweis auf Brians wahre Identität erhalten, wenn sie seinen Fluchtweg rekonstruieren konnte.

Also musste alles, was er am Leib trug, den Gang in das Säurebad antreten. Zuerst breitete Brian die Plastikplane auf dem Boden aus, dann legte er seine Sachen ab und stopfte sie in die Plastiktüte. Das gleiche geschah mit seiner Kurzhaarperücke, dem Schnurrbart, den blau eingefärbten Kontaktlinsen sowie den hautfarbenen Membranen über den Piercings an Ohr und Nase. Zum Schluss riss er sich die Elektroden ab, die seine Vitalwerte zur Uhr gefunkt hatten.

Die Uhr! Brian musste sich beeilen, damit er die Uhr wieder ausschalten konnte! Also konzentrierte er sich, mahnte sich zur Ruhe. Brian durfte jetzt keinen Fehler mehr machen! Er benutzte das Deo an allen transpirationsrelevanten

Stellen und gab es danach ebenfalls in die Tüte. Dann zog er sich die neuen Sachen über, setzte zum Schutz vor den Dämpfen die Atemschutzmaske auf, zog sich die Gummihandschuhe über, hob den Deckel an und setzte ihn neben der Schale ab. Die Plastiktüte samt Inhalt ließ er langsam in die Schale hinab.

Vorsichtig rollte Brian die Plastikplane zu einer dünnen Wurst zusammen, verknotete die Enden und legte den so entstandenen Ring ebenfalls in die Säure. Dem folgten sogleich die Gummihandschuhe.

Als auch die Atemschutzmaske langsam in der Säure zu versinken begann, war Brian Harding längst auf dem Weg zur Fenway Station.

Früher oder später würde die Agency unter dem fingierten Toilettenhäuschen in der Boylston Street die gleichen vorbereiteten Gegenstände finden. Doch auch diese würden keinen Hinweis auf einen Mann namens Brian Harding liefern.

Chris hatte dafür Sorge getragen, dass Brian nicht den geringsten Kontakt zu einem der Gegenstände hatte. Christopher Johnsons Identität war der Agency ohnehin bekannt. Brians hingegen sollte unter der Unsichtbarkeitskappe seines Alter Ego Fred Longer verborgen bleiben – für immer!

Die verbleibenden Meter zur Parallelstrecke der Green Line lief Brian so schnell es ihm im matten Licht seiner Uhr und bei den Bodenunebenheiten möglich war.

Vor ihm tauchten mehrere helle Linien auf, die von dem Sonnenlicht stammten, das sich seinen Weg durch die laienhaft zusammengehämmerte Holztür am Ende des Gangs bahnte. Die Originaltür der Fenway Station hatte den Sturm der Zeiten scheinbar nicht überlebt. Sie war irgendwann durch ein Provisorium aus Holz ersetzt worden, das wohl die Obdachlosen und eventuell auch Tiere davon abhalten sollte, hinein zu gelangen.

Brian lief bis dicht an die Tür heran und versuchte durch die Schlitze zwischen den Holzbrettern auf den Bahnsteig zu spähen. Was, wenn die Agency ihn hier bereits erwartete?

Sie hatten Kenmore Square erreicht! Rachel sprang aus dem Beifahrersitz auf, um Helm und Brille wieder aufzusetzen. Sie lief nach hinten, nahm ihre Sachen und erstarrte. Hatte das Licht von Longers Frequenzüberwachung eben nicht grün geleuchtet? Sofort wirbelte sie herum und blickte abermals in die Richtung des Serverboards. Doch die Überwachungsdiode erstrahlte in schönstem Kirschrot.

Brian hatte die Uhr ausgeschaltet, noch bevor er auf den Bahnsteig der Fenway hinausgetreten war. Die Tür bot keinen sonderlich großen Widerstand, als er sie aus den Angeln hob. Er hatte Glück, denn gerade war eine Bahn auf dem Bahnsteig der Gegenrichtung eingefahren, und so konzentrierten sich die wenigen Wartenden auf dieser Seite auf das Geschehen gegenüber. Der Ausgang des Verbindungstunnels lag etwas neben dem eigentlichen Bahnsteig, doch wunderte sich offenbar niemand darüber, von welcher Seite er die Plattform betreten hatte.

Die Aufmerksamkeit, die Fred Longer noch vor Minuten von einem Millionenpublikum erhalten hatte, war auf einen flüchtigen Seitenblick für einen Unbekannten namens Brian Harding zusammengeschrumpft.

Brian sah hinauf zum Himmel und fand ihn mittlerweile komplett wolkenlos vor. Die Wärme der Sonnenstrahlen und der leichte Wind taten seinem verschwitzten Kopf gut. Er fuhr sich mit den Fingern durch die Haare und rubbelte seinen brünetten Schopf zu einer etwas unorthodoxen Frisur. Dann fingerte Brian seine Sonnebrille aus der Innentasche seiner Jacke und setzte sie auf. Er verließ den Bahnsteig und begann, sehr langsam die parallel zum Park Drive verlaufende Aberdeen Street hinauf zur Beacon Street und damit zurück zur Laufstrecke zu gehen. Dorthin, wo er vollends in der Masse der Zuschauer untertauchen konnte. Und während er sich Schritt für Schritt den jubelnden Menschen am Rand der Strecke näherte, hatte die Säure in dem unterirdischen Verbindungsgang längst ihr zerstörerisches Werk vollendet.

Wie Christopher Johnson verschwand auch Fred Longer an diesem Tag absolut rückstandsfrei.

„Wo ist Longer?“

Miss Parker schien jegliche professionelle Zurückhaltung einzubüßen, als sie statt des Gejagten nur die Jäger vorfand. Jacobson und Lynch standen hilflos am Tunnelausgang des Bahnhofs Kenmore Square und ließen die Schelte über sich ergehen.

„Sie haben gesagt, es gäbe keinen zweiten Ausgang! Übersehen werden Sie ihn ja wohl hoffentlich nicht haben, oder? Ich frage Sie also noch einmal: Wo – ist – Longer?“

Richard trat hinzu und versuchte, sie zu beruhigen.

„Miss Parker, es ist fünf nach Zwölf! Wir könnten die Hunde losschicken, wir könnten den Satelliten dazu schalten – es wäre zu spät!“

„Ich will diesen kleinen Scheißer haben, hören Sie? Johnson ist mir entkommen. Aber Longer wird den Tag noch verfluchen, an dem er uns verarschen wollte! Und es ist mir egal, ob wir dafür halb Boston absperren und durchsuchen müssen!“

Sie stürmte an Richard vorbei, die Treppen hinauf zum Kenmore Square und damit zum dort geparkten Van.

„Kommen Sie! Wir haben nur die Schlacht verloren – nicht den Krieg!“

Mike und Steve trotteten halbwegs folgsam hinterher, während Richard Brunner sich deutlich langsamer an den Aufstieg machte und währenddessen mit seinem Handy telefonierte.

Als Mike und Steve zu ihr in den Van gestiegen waren, sahen sie, wie sie einen Kreis auf die Umgebungskarte zeichnete – einen ziemlich großen Kreis.

„Der Fluchtradius?“, ahnte Mike.

Miss Parker nickte. Doch ihre Bewegung hatte nicht mehr die mitreißende, anfeuernde Gestik wie noch vor wenigen Augenblicken.

Sie hatten Longer zuletzt vor zehn Minuten gesehen. Mittlerweile hatte der Bereich, den er in dieser Zeit erreichen konnte, die Größe von sechs Quadratmeilen überschritten. Und er wuchs mit jeder Sekunde weiter. Dazu kam, dass er mit Sicherheit sein Äußeres verändert hatte. Es war leicht einzusehen, dass nicht nur die Schlacht verloren war …

„Er könnte überall sein. Nur an einer Stelle nicht …“, resümierte Miss Parker und wies mit ihrem Zeigefinger auf den immer noch eingeschalteten TV-Monitor.

„… er hat nur noch fünfzig Meter bis zur Ziellinie. Roger Koskai wird der diesjährige Sieger des Boston Marathons heißen! Er hat auf der letzten Meile seine größeren Reserven ausgespielt und wird nicht unverdient als neuer Champion in die Annalen dieses Wettkampfs eingehen.“

„Koskai nutzte die Verwirrung auf der Beacon Street und setzte sich ab, als die anderen Läufer offensichtlich zu zaghaft am Helikopter der State Police vorbeiliefen.“

„Was uns auf direktem Weg zurück zu dem tragischen Helden des heutigen Tages bringt! Nicht nur wir hier im News-Center von Channel Five stellen uns die Frage des Tages: Wie

wäre das Rennen ausgegangen, wenn Fred Longer nicht die Strecke verlassen hätte?“

„Gentlemen, das werden wir gleich den Sieger fragen können. Unser Außenkommentator Greg Harper ist natürlich längst im Zielbereich und wird den neuen Boston-Marathon-Sieger interviewen.“

„... der jetzt die Ziellinie passiert hat! In einer sehr guten Zeit von zwei Stunden, sieben Minuten und zwölf Sekunden wird Roger Koskai, der Mann mit der Nummer Eins, zur neuen Nummer Eins des Boston Marathons. Mein Name ist Scott McNeal, und nach einer kurzen Werbepause sind wir wieder für Sie da ...“

Endlich schaltete Mike den Fernsehmonitor aus. Es war allen wie eine Erlösung.

„Spätestens jetzt wird die Droge aus Longers Körper verschwunden sein“, sagte Steve und sprach damit aus, was vor zwei Stunden noch keiner von ihnen für möglich gehalten hätte: Sie hatten verloren! Die Schlacht – den Krieg, wie auch immer sie es nennen wollten. Sicherlich hatte die Gegenseite weit mehr eingebüßt. Doch war das weder Trost noch genügende Rechtfertigung.

Steve und Mike schauten abwartend zu ihrer Vorgesetzten. Miss Parkers Gesicht spiegelte ihre Enttäuschung wider. Christopher Johnsons Leben auf dem Gewissen ... Die erste Direktive gebrochen ... Und am Ende nicht einmal mit Erfolg belohnt. All die Chancen, in den Besitz der Formel zu kommen – fort und vergeben!

„Okay, schalten Sie auch die anderen Geräte ab! Niemand braucht die Frequenzüberwachung eines Phantoms. Packen wir ein. Es ist vorbei, wir rollen nach Hause!“

Steve folgte Miss Parkers ernüchterter Aufforderung und schaltete die Senderverfolgung aus, trennte die Sprechverbindungen und loggte sich vom NSA-Hauptserver aus.

„Wo ist Richard?“, fragte Miss Parker. Der Gesuchte stand in der Tür, sein Handy am Ohr. Wortlos machte er zwei Schritte auf Rachel zu, ehe er ihr das Handy übergab.

„Hier möchte Sie jemand sprechen …“

Irritiert nahm Rachel das Telefon entgegen, schaute Richard fragend an, um dann mit fester Stimme ihren Namen in das Handymikrofon zu sprechen.

Am anderen Ende der Verbindung befand sich Bart Lucas – ihr direkter Vorgesetzter!

Miss Parker besaß die Courage, die offensichtliche Standpauke im Beisein ihrer Kollegen entgegenzunehmen. Andere hätten den Van verlassen, sich davongeschlichen … Aber nicht Rachel Parker! Auch im Augenblick der tiefsten Niederlage blieb sie hart und entschlossen. Sie entschuldigte sich mit keiner Silbe, verteidigte ihre Vorgehensweise, erklärte ihre Motivation, warum sie so und nicht anders entschieden hatte.

Richard, Steve und Mike standen daneben und durften jede einzelne Phase ihres fulminanten Fehlschlags noch einmal durchleben. Sie ließ nichts aus, erklärte Steve Jacobsons Vorschlag mit den Elektroschockpistolen ebenso wie ihre Ablehnung. Das alles klang solide, gut begründet und folgerichtig. Doch Bart Lucas kannte das Endergebnis.

„Stellen Sie mich auf Lautsprecher“, forderte er von seiner Stellvertreterin. Sie drückte den entsprechenden Knopf und legte das Handy auf einen der Tische.

„Ohne detaillierte Faktenkenntnis kann ich natürlich nur mutmaßen. Eine Option wäre gewesen, Gibson, den Scharfschützen, für den finalen Zugriff einzusetzen. Eine andere Option wären sicherlich die Taser gewesen …“

Miss Parker widersprach ihm: „Bart, vielleicht wollte Johnson, dass wir genau diesen Fehler machen.“

„Rachel, glauben Sie mir, mehr Fehler an einem Tag zu begehen, als Sie heute, ist unmöglich! Dass sich Johnson selbst gerichtet hat – bedauerlich! Die fehlgeleiteten Zugriffsversuche – geschenkt! Aber … Sie hätten nie die erste Direktive ignorieren dürfen! Mit einem Hubschrauber mitten im Boston Marathon zu landen – welcher Teufel hat Sie da nur geritten? Wenn Sie auffallen wollen, dann bewerben Sie sich bei der CIA! Sie sind bis auf weiteres vom Dienst suspendiert. Richard, ab jetzt haben Sie die Führung der Truppe. Versuchen Sie zu retten, was zu retten ist! Ich komme ins Büro. In einer halben Stunde will ich Ihre Einschätzung zum heutigen Einsatz hören. Lucas – Ende."

Ein leises Klicken bestätigte, dass Bart aufgelegt hatte. Es war still im Van geworden. Niemand sagte etwas, nicht einmal das Atmen war zu hören. Als Rachel zu Richard sah, ertappte sie ihn bei einem zufriedenen Grinsen. Zwar versuchte er sofort, ernst und ein wenig mitleidig zu schauen, doch seine wahren Gefühle hatte er längst verraten.

Rachel hatte immer gewusst, dass er die erstbeste Gelegenheit nutzen würde. Dennoch war es kein schönes Gefühl, ihre Ahnung bestätigt zu finden.

Sie legte ihre Marke auf den Tisch, nahm ihr Schulterholster samt Waffe ab und packte es daneben. Dann trat sie neben Richard in die Tür, sah sich um, nickte Mike und Steve zu und verließ den Van. Sie vermied es, Richard Beachtung zu schenken.

„Wir könnten Sie doch noch ein Stück mitnehmen. Wie wollen Sie denn nach Hause kommen?", fühlte sich Mike genötigt zu fragen. Sie blickte sich um und lächelte ihn schief an.

„Natürlich mit der Subway. Wie denn sonst?"

Brian versuchte, sich so gut wie möglich zusammenzureißen. Als sich die letzten Moleküle von Chris' Wundercocktail in seinem Körper auflösten, brach nicht nur seine körperliche Kraft zusammen. Auch mental war er von einer Sekunde zur nächsten völlig erschöpft. Zwar wusste er, dass das passieren würde, doch das Wissen darüber konnte ihn nicht vor dem Schockzustand bewahren, dem sein Körper ausgesetzt war. Er lehnte sich gegen einen Lichtmast und versuchte, ruhig und tief zu atmen.

Er stand zwischen den Zuschauern der Beacon Street und sah die Verfolgergruppe an sich vorbeilaufen. Später kamen die etwas schlechteren Profi-Läufer, gefolgt von den ersten, ambitionierten Amateuren. Und schließlich würde die schier endlose Schar der Freizeitläufer die letzten Meilen in Angriff nehmen.

Die, die er nicht geschafft hatte ...

Irgendwann würde er vielleicht auch wieder einen Marathon laufen. Als Brian Harding! Und er würde sich irgendwo im hinteren Mittelfeld aufhalten und vielleicht sogar damit zufrieden sein. Vielleicht ...

Es wurde ihm vollends bewusst, dass er gescheitert war. Er hatte seine Verpflichtung Chris gegenüber nicht einlösen können, wenigstens den Lauf zu gewinnen. Ihr gemeinsamer, hochtrabender Plan war zu einem fürchterlichen Rohrkrepierer verkommen. Sie waren angetreten, die Sportwelt aus den Angeln zu heben, und nur einer von ihnen hatte dieses Desaster überstanden. Letzten Endes hatte Brian nur sein eigenes, kleines, unwichtiges Leben retten können.

Etwas, das Chris versagt geblieben war.

Die Trauer um seinen geliebten Kumpel würde Brian noch eine lange Weile erhalten bleiben. Im Gegensatz zu der Erschöpfung, die ihn nun komplett zu überfluten drohte. Jetzt fühlte er sich wirklich, als wäre er einen Marathon gelaufen

… und das auch noch viel zu schnell! Doch Brian wusste, dass er lediglich viel trinken und etwas schlafen musste … Und dass ihn das einigermaßen regenerieren würde.

Nur ein paar Stunden schlafen!

Und dann würde er endlich Elaine wiedersehen! Und das würde seinen Tag zumindest ansatzweise retten.

Er ging zurück zum Park Drive und hielt nach einem Taxi Ausschau.

11

Brian lehnte am Geländer des Bootsstegs und schaute über den Charles River auf die Bostoner Skyline. Kaum etwas vermochte ihn so von allem Weltlichen zu lösen wie dieser Anblick. Die untergehende Sonne in seinem Rücken färbte die Wände der Häuser auf der gegenüberliegenden Uferseite in ein warmes Karminrot. Bereits jetzt, wenige Minuten vor sechs Uhr abends, tauchten vereinzelt hellgelbe Rechtecke in diesem Bild der Ruhe auf und zerstörten die Perfektion. Jedes Mal, wenn er von Cambridge aus auf seine Heimatstadt sah, hoffte er, dass die Menschen in den Büros noch warten würden, ehe sie das Licht einschalteten. Doch wie die vielen Male zuvor verging auch heute dieser besondere Moment viel zu schnell.

Als er seine Aufmerksamkeit von Boston Downtown lösen und dem vollkommenen Abendhimmel darüber zuwenden wollte, blieb sein Blick am dunklen Klotz des One Boston Place Buildings hängen. Dort, so wusste er, war die Adresse von Channel Five – und er erinnerte sich an den Helikopter des Fernsehsenders, doch noch viel mehr an den der State Police. Anstelle des unvergesslichen Moments, die Ziellinie auf der Boylston Street als Erster zu überqueren, musste er den Ausstieg, die Flucht durch den U-Bahn-Tunnel wählen. Der Ruhm und die nicht unwesentliche Siegprämie waren ihm versagt geblieben, doch Brian bemerkte, dass ihm das Geld mittlerweile egal war. Die Abrechnung mit seinem Vater konnte warten. Der Stellenwert der ursprünglich für ihn so wichtigen Befreiung war durch die Ereignisse des heutigen Tages auf Null gesunken. Er verfluchte inzwischen den Tag, an dem er Chris zugestimmt hatte, den Plan in die Tat umzusetzen. Chris hätte wissen müssen, mit wem er sich da einließ! Wichtiger noch: Er hätte vorhersehen müssen, dass die

Verhandlungen mit der Agency ihn an Helen erinnern würden. Viel stärker als in den Monaten zuvor musste der direkte Kontakt mit dem verhassten Feind seine cholerische Natur zutage fördern, seinem alten Hass neue Nahrung geben …

Brian schüttelte den Kopf, als könne er damit diese verdammten Erinnerungen verscheuchen. Wäre da nicht die Aussicht auf das Wiedersehen mit Elaine, er hätte sich am liebsten ins Bett verkrochen und wäre nie wieder aufgestanden.

Zwei Stunden Schlaf hatten ihm genügt, um zumindest körperlich wieder halbwegs gestärkt zu sein. Zwar war er noch halb benommen unter die heiße Dusche gestiegen, doch bereits nach dem ersten Kaffee waren die Lebensgeister in seinen Körper zurückgekehrt. In einem typisch amerikanischen Reflex hatte er den Fernseher eingeschaltet und war überrascht und überwältigt aufs Bett zurückgesunken. Dort, auf CNN, sah er sich! Wenn das Gesicht auch fremd war und die Laufgeschwindigkeit unglaublich, so war es doch sein Shirt mit der Nummer 368, das groß im Hintergrund eingeblendet wurde. Er war auf CNN!

Und die Berichterstattung dieses Nachmittags ließ darauf schließen, dass CNN bereits während des Laufs die Sendung von Channel Five für seine BREAKING NEWS übernommen hatte! Brian schaltete um auf HBO, NBC, Fox, CBS – er konnte jeden Kanal wählen und fand immer wieder die Berichte über Fred Longer. Und überall klang es ähnlich:

„Der diesjährige Boston Marathon war reich an Zwischenfällen. Dabei wurde es fast zur Nebensache, dass am Ende der Kenianer Roger Koskai mit neuer Jahresweltbestleistung gewann. Tragischer Held des Laufs wurde der Amerikaner Fred Longer, auf den während des Rennens mehrere Anschläge von bislang unbekannter Seite unternommen wurden …“

Er war auf CNN!

Irgendwann einmal, so erinnerte sich Brian in diesem Moment, hatte Chris gesagt: Wenn CNN dich weltweit sendet, dann hast du es geschafft! Brian wusste damals wie heute nicht, was Chris damit gemeint hatte. Wahrscheinlich zielte er auf die vielzitierten fünfzehn Minuten Ruhm ab, für die der gewöhnliche Amerikaner, wie zahlreiche Casting-Shows bewiesen, alles zu tun bereit war.

Fred Longer hatte seine fünfzehn Minuten gehabt!

Brian schaltete den Fernseher aus, zog sich an und verließ die Wohnung.

Nun stand er am Fluss und spürte zwei der ureigensten Instinkte: großen Durst und einen nicht minder starken Hunger. Keine unlösbaren Probleme, hatte er doch – ursprünglich zur Feier des Tages – einen Tisch im *Dante* für Elaine und sich reserviert.

Das Restaurant, das zum Royal Sonesta Hotel gehörte, war für die exzellenten Kreationen seines Sternekochs Dante de Magistris berühmt und mit einem traumhaften Blick über den Fluss und die Bostoner Skyline eine der begehrtesten Locations auf der Cambridge-Seite.

Brian trug einen beigefarbenen Anzug über einem champagnerfarbenen Hemd. Krawatten hatte er nie gemocht, und er ließ sogar den obersten Hemdknopf geöffnet. Im Restaurant gab es trotz seiner Klasse keinen Dresscode. Gespannt wartete er auf Elaine. Sie hatte sich bestimmt etwas Besonderes für ihn einfallen lassen. Vielleicht ein elegantes Kleid – oder ein eng anliegendes Kostüm? Brian blickte sich um und sah den Cambridge Parkway, der zwischen der Rückseite des Hotels und dem Flussufer lag, hinunter. Auch den Weg rüber zum Restaurant fand er verlassen vor.

Normalerweise war Elaine auf die Sekunde pünktlich!

Instinktiv sah er auf seine Armbanduhr. Er hatte, mehr aus monatelanger Gewohnheit als aus Absicht, Christophers Wunderchronometer wieder umgebunden und stand jetzt ohne Uhrzeit da. Nach Fenway hatte er nicht mehr gewagt, sie einzuschalten. Doch jetzt, fast vier Stunden später und mit anderer Identität, glaubte Brian nicht, dass er in Gefahr schweben würde.

Er sah sich ein letztes Mal nach Elaine um. Da sie immer noch nicht da war, schaltete er die Uhr wieder ein. Es war erst 17.56 Uhr. Sie waren für sechs Uhr verabredet. Natürlich würde sie pünktlich sein! Und er konnte sich noch vier Minuten am Anblick des Charles River erfreuen.

Oberhalb des Royal Sonesta Hotels, auf dem Land Boulevard, hielt ein weinroter Dodge Caliber. Eine Frau im anthrazitfarbenen Hosenanzug trat einen ersten Schritt auf die Straße, entschied sich jedoch wieder anders und suchte noch etwas im Handschuhfach. Als sie die Handschellen gefunden hatte, ließ sie diese elegant in ihre Jackentasche gleiten. Das Haar der Frau war zu einem strengen Zopf nach hinten gebunden. Sie ging mit ruhigen Schritten über die Straße. Dem silbernen Lieferwagen, der in diesem Moment hinter ihrem Rücken einparkte, schenkte sie nicht einmal eine Sekunde ihrer Aufmerksamkeit. Zügig, doch ohne übermäßige Eile, schlug sie den Weg durch den kleinen, an das Hotel angrenzenden Park, hinunter zum Parkway ein. Der Lieferwagen verließ sofort wieder seinen Standort und folgte ihr mit geringer Geschwindigkeit. Rachel Parker hatte auch dieses Manöver wahrgenommen, ohne nur einmal den Kopf zu drehen. Stattdessen konzentrierte sie sich auf das Geschehen vor sich. Tatsächlich! Dort, mit dem Rücken an das Geländer des Bootsstegs gelehnt, stand ihre Zielperson! Rachel ließ noch einen Wagen passieren, dann überquerte sie den Cambridge Parkway. Als sie die letzten, schnellen Schritte zum Bootssteg hinübergehen wollte, bemerkte sie das Klacken ihrer Absätze. Zum Glück fuhr gerade ein Truck hinter ihr die Straße hinauf. Der Mann vor ihr hatte sie offensichtlich nicht gehört. Sie verfluchte ihre High Heels und versuchte, sich ihm auf Zehenspitzen zu nähern, als sie sah, dass der Mann vor ihr beide Hände hinter seinen verlängerten Rücken gelegt hatte, um sich am Balken des Geländers besser anlehnen zu können. Dieser Einladung konnte sie nicht widerstehen! Mit sicheren Griffen beförderte sie die Handschellen nahezu ohne Zwischenstopp aus ihrer Jackentasche direkt um seine Handgelenke.

Als das Klacken der sich schließenden, metallischen Acht ertönte, brauchte sie nur noch zwei Sätze zu sagen: „Mister Brian Harding? Sie sind verhaftet!"

Die NSA-Agenten Roger Simmons und Montgomery Spellberg saßen in dem silberfarbenen Lieferwagen und stellten den Anrufer auf die Freisprecheinrichtung.

„Ja, Mister Lucas?"

„Gibt es irgendwelche Auffälligkeiten?"

„Alles normal bisher. Offensichtlich trifft sie sich gerade mit jemandem."

„Identifizieren Sie die Person! Wenn es einer von der Presse ist, gehen Sie dazwischen! Falls nicht, zeichnen Sie dennoch jedes Wort auf, das sie miteinander sprechen!"

„Jawohl, Sir!"

„Und informieren Sie mich umgehend, falls sie anfangen sollte zu reden …"

Die beiden Agenten bestätigten abermals und trennten die Verbindung. Spellberg, der Beifahrer, hatte einen Laptop vor sich auf die Knie gestellt und gab einige Ziffern ein. Auf dem Display erschien das Bild von Rachel Parker und dem ihnen bislang unbekannten Mann am Bootssteg. Als Spellberg seinen Zeigefinger über das Touchpad bewegte, vergrößerte sich das Bild der beiden.

Hinter den Agenten, im Laderaum des Wagens und durch eine getönte Glasscheibe vor den Blicken Außenstehender verborgen, befand sich eine Präzisionskamera, die auf jeden seiner Befehle reagierte.

„Okay, schalt das Richtmikrofon dazu!“, forderte Simmons.

„Bart Lucas killt uns, wenn wir ihm einen Stummfilm präsentieren!“

Der Schreck hatte Brian einen sehr langen Moment erstarren lassen. Sein Instinkt hatte ihm zu sofortiger Flucht geraten, doch bereits sein zweiter Gedanke relativierte derlei Überlegungen. Brian drehte sich um und lächelte die Frau an. Zugleich bemaß er sie mit einem taxierenden Blick.

„Miss Rachel *Elaine* Parker! Immer noch im Dienst?“

Anstelle einer Antwort hörte er, wie die Kirchenglocken zu läuten begannen. Es war genau 18.00 Uhr.

Und Elaine war – wie immer – pünktlich!

„Wenn du bitte so freundlich wärst …“, sagte Brian und streckte seiner Freundin seine gefesselten Unterarme entgegen. Sie befreite ihn und ließ die Handschellen wieder in ihrer Jackentasche verschwinden. Brian bedankte sich artig und rieb sich abwechselnd die Handgelenke.

„Gelernt ist gelernt, was?“, zollte er ihr Respekt. Sie grinste ihn daraufhin spitzbübisch an. Doch dann änderte sich ihre Mimik.

„Nimmst du mich jetzt mal endlich in den Arm?“, forderte Elaine ihn auf.

„Entschuldige. Aber ich habe dich nur einmal zuvor in deinem Business-Dress gesehen.“

„Schlimm?“, fragte sie nach.

„Sexy! Aber irgendetwas fehlt dennoch …“

Sie musste lachen. „Ich weiß, was du meinst!“

Damit griff sie sich an den Hinterkopf, öffnete die Haarspange und schüttelte ihr langes Haar zu der von ihm so innig geliebten Lockenpracht auf.

„Das ist mein Mädchen!“, frohlockte er und gab ihr den lang ersehnten Begrüßungskuss. Ihre warmen Lippen schienen ihm heute noch weicher, noch verheißungsvoller, noch magischer zu sein! Beeindruckend, dachte er sich, trotz der wunderbaren Ablenkung, was die Hormone mit einem anstellen, wenn man seine Freundin vier lange Tage weder sehen noch riechen oder schmecken durfte. Ihre Lippen lösten sich voneinander, doch er hielt sie noch immer fest umschlossen.

„Ach, Elaine … “, hauchte er ihr ins Ohr. „Lass mich bitte nie wieder los!“

„Ich werde nie verstehen, warum du so versessen auf meinen zweiten Vornamen bist. Alle Welt nennt mich Rachel …“

„Hast du unser erstes Treffen vergessen? Außerdem finde ich Elaine weicher und fraulicher. Da draußen magst du die harte und eiserne Rachel sein. Aber sei doch froh, wenn du bei mir Elaine sein kannst!“

„Bin ich auch!“, antwortete sie und drückte ihm zum Dank einen weiteren Kuss auf die Lippen.

Als Chris noch bei der NSA und Brian ein junger Anwalt gewesen waren, hatten sie sich einmal zufällig in der Mittagspause in einem Café in der Innenstadt getroffen. Chris war in Begleitung von Elaine, die er als Miss Parker und ihn als Mister Harding vorstellte. Sie ergriff Brians Hand und sagte: „Nennen Sie mich Elaine!“

Brian bemerkte, wie Christophers Unterkiefer leicht nach unten klappte und setzte sich zu den beiden Agenten. Elaine begann mit unwichtigem Smalltalk. Wie zufällig löste sie dabei das Gummi, das ihre Haare zu einem Zopf zusammengehalten hatte und ließ so ihre üppige Mähne ihr Gesicht umspielen. Spätestens in dem Moment war es um Brian Harding geschehen!

Als er aus den Erinnerungen zurück in die Wirklichkeit des Cambridge Parkways fand, umarmte er sie abermals, und sein Kopf schmiegte sich ganz dicht an den ihren, als er ihr ein kaum wahrnehmbares „Wie viele?“ in ihr Ohr hauchte.

„Nur zwei“, antwortete sie genauso leise.

„Richtmikros?“

„Sehr wahrscheinlich – ja.“

Seine mittlerweile geschulten Augen fanden den betont unauffälligen Lieferwagen mit den getönten Seitenscheiben auf der anderen Straßenseite. Brian wusste von Chris, dass es beim Geheimdienst üblich war, die eigenen Mitarbeiter zu überwachen. Die Observierung Befehlshabender war eine gängige Prozedur bei der NSA. Bei Fehlschlägen sollte so vermieden werden, dass diejenigen ihren Frust ertränkten und redselig wurden. Im Erfolgsfall drohte Letzteres durch ein Übermaß an Euphorie.

Brian drückte sie ein weiteres Mal, ließ von ihr ab und begann, in normaler Lautstärke mit ihr zu reden.

„Ich habe dich so vermisst!“, begann er ihr gemeinsames, verbales Versteckspiel. Sie nickte ihm bedeutungsvoll zu und gab ihm einen Kuss auf die Wange. Dabei flüsterte sie: „Ich hatte heute Dienst. Chris hatte mich gebeten, es dir nicht zu sagen … “

Sein „Wieso?“ war lautlos, doch sie verstand ihn. Nur war es ihr aus dem bekannten Grund nicht möglich, jetzt auf seine Frage zu antworten. Stattdessen fuhr sie wieder etwas lauter fort: „Ich finde es schön, dass du im *Dante* einen Tisch bekommen hast. Wollen wir schon rübergehen?“

Brian nickte nur. Zu tief saß der Schock der Erkenntnis. Nicht nur, dass die Erinnerung an Christophers Tod das Glück des Wiedersehens mit Elaine nahezu komplett verdrängte … Wenn seine Freundin heute Dienst gehabt hatte, dann war sie mit Sicherheit dabei gewesen, als er starb!

Diese Tatsache allein war bereits tragisch genug, doch das, was Elaine gesagt hatte, wog fast noch schwerer. Ihr Geständnis konnte zweierlei bedeuten.

Erstens: Chris wollte nicht, dass Brian von Elaines Einsatz wusste. Glaubte er, sie würde Chris' Freitod leichter verkraften als er? Dann hätte Chris eben jenen von Anfang an geplant! Aber hätte sie sich darauf eingelassen? Wohl kaum!

Zweite Möglichkeit: Chris' Tod war kein Teil des Plans! Dennoch wollte – oder musste – er Brian verheimlichen, dass Elaine an der geplanten Geldübergabe beteiligt gewesen wäre. Warum? Fast musste er annehmen, dass es einen Plan der beiden gab, sich mit den drei Millionen abzusetzen … ohne ihn!

Brian schüttelte den Kopf. Das konnte – das wollte er nicht glauben! Und hätte Elaine ihm in dem Fall wirklich gestanden, dass sie heute Dienst hatte? Genau wie Chris wusste auch sie, dass Brian sofort anfangen würde, zu kombinieren, zu überlegen, eine logische Erklärung zu suchen.

Elaine hatte ihm kein Geständnis gemacht, sie hatte ihm einen Hinweis gegeben! Also gab es eine dritte Möglichkeit, die er jetzt nur noch nicht erkannte.

Er verfluchte diese Situation! Er hatte so viele Fragen, wollte mit Elaine reden, seinen Schmerz mit ihr teilen … Doch die Mikrofone der Agency waren unbarmherzig auf ihre Münder gerichtet, und jedes unbedachte Wort konnte ihre Festnahme bedeuten. Sie mussten vorsichtig bleiben! Selbst wenn die Überwachung den ganzen Abend dauern würde.

Der einfachste Weg, einen Zettel zu schreiben, verbot sich von allein. Würden die Agenten die Übergabe eines Schriftstücks als solche erkennen und sie daraufhin in Gewahrsam nehmen, dann würde es mit eben jenem Zettel einen unwiderlegbaren Beweis ihrer Beteiligung geben.

Also blieb ihnen vorerst nur die Möglichkeit leise gehauchter Hinweise und logischer Überlegungen.

Es sei denn …

Sie gingen den kleinen Parkweg hinauf zum Hotel, und Brian sah sich kurz zu ihren Verfolgern um. Wenn die Agenten im Lieferwagen sie auch im Restaurant überwachen wollten, waren sie gezwungen, ihren Standort zu wechseln. Und in dem Moment würde er Elaine fragen können!

Doch zu Brians Verwunderung blieb der Lieferwagen, wo er war. Zu seiner Hoffnung, gleich außerhalb des Aufnahmebereichs zu sein, gesellte sich die Vorahnung, dass die Agency nicht nachlässig handeln würde.

Und bevor er Elaine die Frage nach dem ‚Wieso' erneut stellen konnte, entdeckte er einen zweiten, verdächtigen Wagen am Ende des Parks, oben am Land Boulevard. Womöglich hatte die Agency doch mehrere Fahrzeuge im Einsatz. Auch Elaine schien das bemerkt zu haben und fuhr mit ihrem Smalltalk für die Aufnahmegeräte fort.

Doch die abendliche Präsenz der NSA führte Brian zwangsläufig zu einer weiteren Erkenntnis. Elaine war heute Mittag nicht nur bei Chris' Tod anwesend! *Sie* war der Entscheidungsträger, der observiert werden musste! Ihr ‚Fehlschlag' war der Grund für diese Überwachung.

Und das führte Brian zu einer noch viel verhängnisvolleren Frage: War etwa Elaine für Chris' Tod verantwortlich?

Hätte Brian doch nur einen kleinen Teil seiner Sinne zur Verfügung gehabt, als es in Wellesley zur Explosion kam. Er könnte sich vielleicht an Details erinnern, die ihm jetzt helfen würden, dieses Puzzle zu lösen!

Brian wusste, dass er in ihrer jetzigen Situation keine Antworten von Elaine erwarten durfte. Als Freund logischer Schlussfolgerungen wäre er normalerweise in der Lage gewesen, auch ohne ihre Hilfe das Puzzle zusammenzusetzen. Doch in diesem Moment gingen so viele Fragen, vermeintliche Antworten, die sogleich weitere Fragen aufwarfen, durch seinen Kopf, wie nie zuvor in seinem Leben.

Er musste einen Weg finden, mit Elaine zu kommunizieren! Irgendwie sollte es doch möglich sein …

„Sie hatten reserviert?", fragte der Herr am Empfang des *Dante*, und Brian realisierte erst jetzt, dass sie längst im Restaurant angekommen waren.

„Ja, auf den Namen Harding", antwortete er halb abwesend.

„Ah ja, hier habe ich Sie", bestätigte ihm der Herr nach Durchsicht eines ungewöhnlich dicken Reservierungsbuches.

„Ein Tisch für zwei Personen am Fenster. Mit exquisitem Blick auf den Fluss – wenn ich das noch anmerken darf!"

Brian nickte ihm freundlich zu und ließ sich mit Elaine an den Tisch geleiten. Kaum hatten sie Platz genommen, stand eine Kellnerin bei ihnen, überreichte ihnen die Speisekarten und erkundigte sich nach den Getränkewünschen.

Zumindest diese Frage riss Brian halbwegs in die Wirklichkeit zurück. Sein Durst war immer noch riesig, und so bestellte er gleich zwei große Gläser Wasser. Elaine orderte ebenfalls Wasser, allerdings nur ein Glas.

„Vielleicht noch einen Aperitif? Oder bereits einen Wein?", erkundigte sich die junge Frau dienstbeflissen.

Sie verneinten, und Elaine öffnete die Karte, noch bevor die Kellnerin außer Sichtweite war.

Brian stellte – zumindest vorerst – die Frage zurück, ob Elaine sich hinter der Männerstimme verborgen hatte, die ihn nach Wellesley zur Aufgabe hatte verleiten wollen.

Viel wichtiger war für ihn, jetzt, da er wusste, dass sie die Antworten kannte, die Frage, was wirklich mit Chris geschehen war.

Derweil war die Kellnerin an ihren Tisch zurückgekehrt, hatte die Getränke abgestellt und erkundigte sich nach ihren Essenswünschen. Brian hatte die Karte überflogen, ohne sie wirklich gelesen zu haben. Doch Elaine empfahl ihm das Hühnchen, gefüllt mit Anaheim-Pfeffer, dazu golden geröstete Rosmarin-Kartoffeln. Brian stimmte dem zu und hörte, wie sie für sich gegrillten Lachs mit Safran-Risotto und für sie beide eine Flasche Pinot Grigio bestellte.

Er reagierte auf Elaines Bemühungen, ihr ‚offizielles Gespräch' fortzusetzen, trank dazu das erste seiner beiden Wassergläser leer und überlegte, wie er seine Freundin indirekt fragen konnte, wie es zu Chris' sinnlosem Tod gekommen war – ohne sich dabei zu verraten!

Auch wenn er den Lieferwagen der Agency von ihrem Fenster aus auf dem Cambridge Parkway nicht ausmachen konnte, so durfte er dennoch sicher sein, jederzeit gehört zu werden. Sie mussten vorsichtig bleiben!

Elaine konnte in Brians Blick lesen, was in ihm vorging. Sie sahen sich an und dachten beide an Christopher. Nach und nach schlichen sich Tränen in ihrer beider Augen. Und dabei mussten sie andauernd über das Wetter, die Celtics* und den ganzen unwichtigen Rest reden.

Die Kellnerin erlöste sie erst nach einer ganzen Weile. Offensichtlich benötigte ein gutes Essen auch im *Dante* seine Zeit. Dafür war das, was beide auf ihren Tellern vorfanden,

---

* Bostoner Basketball-Club

eine Wohltat für Augen und Nase und überdies offensichtlich auch für den größeren Hunger ausreichend.

Als Brian das erste Stück von dem so hoch gelobten Hühnchen abgeschnitten hatte und es sich gerade zum Mund führen wollte, hatte Elaine die Lösung für ihr gemeinsames Problem gefunden. Sie deutete auf seinen Teller und sagte: „Das mit deinem Huhn tut mir leid!“

Brian betrachtete sein Essen. Er nahm den ersten Happen in seinen Mund und kaute vorsichtig auf dem weichen und angenehm gewürzten Fleisch. Mit dem Huhn war alles in Ordnung! Folglich wollte sie ihm über diesen Umweg gleichnishaft von Chris' Tod berichten!

Die Freude, einen Weg gefunden zu haben, versiegte allerdings, als ihm aufging, dass sie damit seinen letzten Funken Hoffnung zerstört hatte. Das mit dem Huhn tat ihr leid. Wenn das Huhn Chris sein sollte …

Doch was blieb ihm übrig? Sie hatte den wahrscheinlich einzigen Weg gefunden, über das zu reden, was sie beide bewegte, ohne wirklich darüber zu reden. Also stieg er darauf ein.

„Tja, traurig. Ich hoffe nur, es war nicht der Chefkoch persönlich!“

„Dem Chef würde so etwas wohl kaum passieren“, antwortete sie und stellte damit klar, dass sie den Tod seines Kumpels nicht hatte verhindern können.

Zugleich erkannte Brian, dass diese Form der Unterhaltung ihn nur unzureichend mit Antworten versorgen konnte. Von der brennenden Frage ganz zu schweigen, wieso Chris nicht gewollt hatte, dass er von Elaines Dienst erfuhr. Vielleicht verbargen sich einige der Puzzlesteine in Christophers Bemerkungen, bevor er das Thermit zündete. Doch zu dem Zeitpunkt hatte Brian vollständig unter dem Einfluss der Droge gestanden. Er konnte sich nicht einmal bruchstückhaft an die Gespräche erinnern, die er vor Wellesley mit seinem Kumpel geführt hatte. Wäre sein Gedächtnis eine Festplatte, dann war es, als hätte jemand alle Erinnerungen gelöscht … Oder zutreffender: Die Erinnerungen, die er während der ersten Hälfte des Laufs hätte speichern können, wurden niemals aufgezeichnet.

VERDAMMT!

Unter dem Tisch ballte Brian seine Hand zur Faust. Aus Wut und aus Trauer zugleich. Und das Schlimmste, das Ärgerlichste an all dem war, dass Chris vollkommen umsonst gestorben war! Sie hatten keinen Teil ihres Plans umsetzen können. Weder die drei Millionen noch die Siegprämie hatten sie kassieren können. Die einhundertfünfzigtausend Dollar brachten ihn jedoch auf einen anderen Gedanken zurück: Hatte sich wirklich Elaine hinter der Männerstimme verborgen, die sich während des Laufs in Chris' und seine Frequenz eingeklinkt hatte? War sie damit auch für alle Zugriffsversuche verantwortlich? Brian konnte das nicht glauben! Welchen Grund sollte sie dafür gehabt haben? Er kam mit seinen Überlegungen einfach nicht weiter. Irgendetwas passte nicht zusammen. Oder ihm fehlte die eine Information, die alles zu einem logischen Ganzen zu verbinden vermochte.

Für einen Moment meinte er, in seinem Ohr ein leises Knacken zu hören. Doch er glaubte, dass seine Übermüdung und sein Flüssigkeitsmangel dafür verantwortlich waren und begann sofort, sein zweites Wasserglas zu leeren.

Mitten in seine Gedanken hinein stellte ihm Elaine eine weitere Frage: „Was meinst du? Wenn wir das zuhause nachkochen würden – bekämen wir das hin?“

Brian war sich sicher, dass sie damit auf die Wunderdroge abzielte, die letztlich der Grund für ihr heutiges Fiasko war.

„Ich befürchte, dass wir das nicht könnten …“

Und um seine Antwort noch für die Zuhörer im Lieferwagen etwas zu verschleiern, fügte er hinzu: „Die Soße – da könnte Ingwer im Spiel sein. Ich bin mir aber nicht sicher."

„Das Huhn hätte es sicher gewusst!", entgegnete Elaine und Brian musste für einen Moment grinsen, weil sie Chris mit einem Huhn verglich. Sie sahen sich an und begannen zu lachen. Zumindest ein wenig …

Wieder wurden ihre Augen feucht. Und abermals wurde ihnen klar, dass sie Chris verloren hatten! Das wog schwerer als die verpasste Chance auf eine Menge Geld.

Elaine versuchte instinktiv, sich mit dem Zeigefinger die Tränen von ihren Wangen zu wischen und bemerkte, dass ihre Wimperntusche dem Überfluss an Salzwasser nicht hatte standhalten können.

„Entschuldige mich bitte einen Moment. Ich frische mein Make-Up ein wenig auf", sagte sie und verließ ihren Tisch in Richtung Sanitärräume. Brian blieb allein mit seinen Gedanken zurück.

Simmons und Spellberg im silbernen Lieferwagen hatten den Laptop auf der Ablagefläche unter dem Frontfenster abgestellt und sahen den beiden Observierten nur noch sporadisch zu.

Sie selbst lasen die Tageszeitung, während die Geräusche aus dem *Dante* deutlich über die Lautsprecher des Laptops zu hören waren. Als das Handy des Fahrers klingelte, schaute der kurz auf das Display des Telefons und schaltete das Gespräch sofort auf die Freisprechanlage.

„Mister Lucas?"

„Und? Haben Sie schon herausgefunden, wer der Typ ist?"

„Brian Harding, Ihr Freund, Sir."

„Den haben wir bereits überprüft. Keine Vorstrafen und auch sonst keine dunklen Punkte in seiner Akte. Wie ist Rachel Parkers Gesprächsverhalten?", fragte Lucas nach.

„Unauffällig. Viel Smalltalk. Eher langweilig."

„Weiß sie, dass Sie in der Nähe sind?"

„Sie kennt die Spielregeln, Sir."

„Sie haben Recht. Dennoch: Wir können sie nicht rund um die Uhr überwachen. Packen Sie ein, und ziehen Sie sich zurück! Gute Nacht."

„Gute Nacht, Mister Lucas."

Simmons trennte die Verbindung und steckte das Handy zurück in die Innentasche seiner Jacke. Spellberg warf die Zeitung hinter die Sitze und schnappte sich seinen Laptop.

„Dann wollen wir die Sache mal beenden", sagte er und wollte die Überwachungskamera bereits ausschalten, als ihm sein Partner in die Hände griff.

„Du, wart' mal! Was ist das für ein grünes Licht auf der Überwachungsanzeige?"

Plötzlich hörte Brian wieder das Knacken in seinem Ohr. Nur war es diesmal lauter.

Die Piercings, schoss es ihm durch den Kopf! Er trug sie jetzt schon so lange, dass er vergessen hatte, sie abzulegen. Und er hatte vorhin am Bootssteg die Uhr wieder eingeschaltet!

Brian fluchte lautlos vor sich hin!

Wenn sich die NSA wieder in ihre Frequenz geschaltet hatte, dann konnten sie mittels Peilung seine genaue Position bestimmen!

Er wäre geliefert. Elaine wäre der Mithilfe überführt.

Eilig griff Brian zu seiner Armbanduhr und wollte sie ausschalten, als er eine wohlbekannte Stimme hörte: „Hey, Kumpel! Nein – antworte nicht! Hör mir bitte nur zu! Die beiden im Lieferwagen könnten hören, wenn du mit dir selber sprichst! Es geht mir gut! Tut mir echt leid, dass ich dich mit dem ganzen Stress allein lassen musste, aber wie ich bereits auf allen TV-Kanälen sehen konnte, hast du deine Aufgabe mit Bravour gemeistert! Glaub mir, ich hatte gute Gründe, euch nur teilweise in meinen Plan einzuweihen!"

Brian war wie benommen. Als käme die Stimme aus der Vergangenheit und wollte ihn täuschen. Das konnte doch nicht …

Doch die Stimme sprach weiter.

„Zuerst einmal durftest du nicht wissen, dass nicht Bart Lucas dein Gegenspieler war, sondern Elaine. Glaub mir, ich kenne dich! In der einen oder anderen Situation hättest du geschlampt, wenn du gewusst hättest, dass Elaine deinen Arsch würde retten können – selbst auf die Gefahr, ihre Tarnung dadurch zu gefährden. So warst du konzentrierter, entschlossener! Und Elaine konnte dich viel besser unterstützen. Jeder Angriff auf dich war bis ins kleinste Detail geplant. Wir wussten, wo deine Stärken liegen, dass du improvisieren könntest und wie du auf ihre Versuche reagieren würdest, deiner habhaft zu werden."

Endlich war sich Brian sicher: Chris lebte! Keiner konnte so nervige, selbstverliebte und zugleich wunderbare Monologe halten wie sein alter Kumpel.

„Und ich musste zwei Fliegen mit einer Klappe schlagen! Wollte ich endlich Ruhe vor der Agency haben, musste ich vor ihren Augen sterben. Leider konnte ich diesen Plan nicht einmal Elaine verraten. Richard Brunner ist ein Schlaufuchs! Er hätte gemerkt, wenn etwas nur gespielt gewesen wäre! Und gleichzeitig hatten wir nur einen Versuch für deinen erfolgreichen Lauf. Dabei musstest du *nicht* einmal gewinnen! Du musstest der Welt nur zeigen, was die Substanz vermag. Erinnerst du dich, dass ich sagte, wenn du auf CNN bist, haben wir es geschafft? Dein Lauf war auf allen Sendern! Auch auf CNN. Keine Sau wird morgen noch wissen, wer gewonnen hat, aber jeder wird sich an Fred Longer erinnern! Doch damit mein Plan funktionierte, musstest du Herr dieses unseligen Nebeneffekts, dieser verdammten Euphorie werden. Ich hatte auf der Suche nach einer Eindämmung die Substanz an mir getestet. Und wie du weißt, hatte ich sowohl Wut als auch Trauer in mir. Die Wut linderte die Euphorie, doch meine Trauer um Helen ließ sie fast komplett verschwinden. Ich musste also nur einen ähnlichen Effekt bei dir hervorrufen. Und da ich sowieso sterben musste …"

Das war sein Chris! Arrogant, manipulierend und einfach genial! Jeder andere wäre wütend gewesen und hätte sich ausgenutzt gefühlt! Nur Brian, dem logisch Überlegenden war sofort klar, dass Chris die einzig mögliche Lösung für alle Probleme gefunden hatte. Und es erklärte auch, warum weder Elaine noch er vorher wissen durften, dass sein Ableben nur fingiert war. Nur, so fragte sich Brian, wie hatte Chris das Thermit überlebt?

Das Genie hielt weiterhin seinen alles erklärenden Monolog und antwortete wie nebenbei auf Brians ungestellte Fragen.

„Vielleicht erinnerst du dich, dass die NSA auf mich geschossen hatte? Elaine hatte vor Dienstantritt dem Van einen kleinen Besuch abgestattet und Jacobsons Waffe mit Platzpatronen geladen. Deshalb trafen seine Kugeln mich nicht. Richard Brunner und Mike Lynch hätten niemals auf mich geschossen! Das wussten Elaine und ich mit hundertprozentiger Sicherheit. Elaines Aufgabe bestand also darin, Steve Jacobson so weit zu bringen, auf mich zu schießen. Und wie wir beide wissen, ist ihr das gelungen! Ich hatte den alten Gummiseil-Stunt von Helen vorbereitet. Als Steve schoss, ließ ich mich von dem Gummiseil nach hinten katapultieren. Schließlich musste es für alle Anwesenden echt aussehen!"

Christopher unterbrach seinen Monolog durch ein herzliches Lachen.

„Das hätte Helen gefallen! Jedenfalls hatte ich meinen Fluchtplan durch den Geheimgang im Erdgeschoss von Claflin Hall nur zu eurer Beruhigung erfunden. Dieser Gang hat nie existiert. Aber du fragst dich bestimmt, wie ich letztlich doch entkommen konnte! Ich hatte Elaine und dir nicht erzählt, dass sich unter dem Keller des Wellesley College noch der Keller des alten, 1914 niedergebrannten, ursprünglichen Gebäudes befindet. Und dort gab es wirklich eine Geheimtür, eine Art Falltür! Das Fantastische daran war, dass diese Tür nirgendwo, nicht einmal in den Plänen des Zentralarchivs verzeichnet ist. Sogar der Hausmeister des Tower Court hat davon keine Ahnung! Ich hatte sie nur durch Zufall entdeckt, als die Polizei die NSA vor sechs Jahren um Mithilfe bei der Aufklärung eines Mordes bat, der in eben diesem Keller verübt worden war. Ich bereitete also alles in dem unteren Keller vor, ließ die Klappe offen und musste nur dafür sorgen, dass niemand sah, wie ich den oberen Kellerraum verließ. Als sich die Metalltüren schlossen, startete ich den Thermit-Countdown, dann begab ich mich eine Etage tiefer, jammerte der Agency noch vor, dass alles keinen Sinn mehr hätte und schloss die Klappe über mir. Natürlich war mir klar, dass die NSA-Typen nur zweidimensional denken können! Niemals würden sie in einem Keller nach einem weiteren, darunter liegenden Keller suchen! Leider konnte ich erst wieder heraus, als Feuerwehr und Polizei weg waren. Puh – das muss ordentlich gebrannt haben! War auch ein gutes Stück Arbeit, den unteren Keller so zu befestigen, dass das Feuer nicht zu mir durchschlagen konnte. Schließlich wollte ich da unten nicht wirklich gebraten werden! Und ohne Sauerstoffflaschen und zusätzliche Hitze-Isolierungen hätte ich das kaum überstanden! Aber du kennst mich ja: Vorbereitung ist alles! Na, jedenfalls hing ich da unten eine Weile fest! Leider habe ich dadurch deinen grandiosen Live-Auftritt im Fernsehen verpasst. Aber zum Glück gab es ja genügend Wiederholungen! Was für ein Schaulaufen! Ich bin so stolz auf dich!"

Und Brian war so unfassbar glücklich, dass sein Kumpel noch lebte. Während Chris weiter sprach, kombinierte Brian. Als Chris zu Brian alias Fred Longer sagte, er solle trotz seines Freitodes weiterlaufen, da war das zugleich ein Hinweis für Elaine, die Zugriffe auf ihn dennoch zu starten. Auf Brian konnte sich Chris ja verlassen! Da die Trauer die Euphorie unterdrückte, war Brian logischen Schlussfolgerungen zugänglich und wusste, dass er weiterlaufen musste! Zugleich blieb Elaine nichts anderes übrig, als zur Jagd auf Brian alias Fred zu blasen. Chris' Ansprache hatte Brian zur Zielscheibe gemacht, und es lag fortan allein in Elaines Händen, Brian, so gut sie es nur konnte, zu schützen. Alle Angriffe waren folglich so von ihr geplant, dass Brian sie mit seiner Ausdauer, seiner Reaktionsschnelligkeit und seinem Wissen über die ihm von Chris immer wieder eingebläute NSA-Vorgehensweise abwehren konnte. Beinahe nebensächlich erfüllte Brian seinen Part, sich dank der Substanz immer wieder an die Spitze zu kämpfen und damit für alle Außenstehenden schier Unglaubliches zu leisten. Nur, so fragte sich Brian, zu welchem Zweck hatte er Leib und Leben riskiert? Die drei Millionen von der NSA hatte Chris nicht kassieren können! Er selber hatte den Lauf nicht gewonnen und konnte so auch keine Siegesprämie entgegennehmen. Und hatte Chris eben nicht gesagt, er brauchte es gar nicht ins Ziel schaffen? Wozu dann der ganze Aufwand? Abgesehen von Chris' fingiertem Tod schien sein ganzer Lauf umsonst gewesen zu sein.

Doch sein Kumpel war in seiner Erklärung gerade an der Stelle angekommen, die auch diese Frage beantworten sollte.

„Es kam mir darauf an, dass dein Run auf allen Sendern zu sehen war. Wir mussten so etwas wie einen Skandal schaffen, etwas, das spannend genug war, dass sich auch die weltweiten Sender dafür interessieren würden. Channel Five war nicht genug. Doch dein Lauf wurde nicht nur im Sportteil von NBC, CNN, Fox und allen anderen überregionalen Sendestationen gezeigt – sondern als die Hauptnachricht des Tages! Das war nicht nur die beste, es war auch noch eine komplett kostenlose Werbung für meine Erfindung. Genau wie von mir geplant, zeigte dein Lauf die Möglichkeiten der Droge – unabhängig davon, ob du gewinnen würdest – und trieb den Preis für eine Substanz, die einen Jedermann zum Gewinner machen könnte, in ungeahnte Höhen. Zu dem Zeitpunkt hatte ich das Angebot *meiner* Droge längst im Internet als Versteigerung lanciert. Ich sage dir: Es gibt Websites, da kannst du dir einen Apache-Kampfhubschrauber mit voller Bewaffnung ersteigern! Und die Interessenten scheinen immer online zu sein. Zumindest setzte das Bieten auf unser Produkt bereits bei Meilenstein Siebzehn ein! Vor einer Stunde habe ich die Formel für die Substanz verkauft. Und das Geld ist bereits auf ein sicheres Konto auf den Cayman Islands überwiesen."

Brian schmunzelte. Christopher hatte nichts dem Zufall überlassen. Und endlich hatte er seinen verdienten Lohn bekommen – mit Hilfe der NSA und ohne ihr Wissen. Selbst die Rache eines Genies fiel anders aus, als es Normalsterbliche ermessen können. Nur eine wesentliche Information hatte er in seiner Erklärung ausgespart …

Doch Chris wusste genau, dass sein Kumpel noch eine *Kleinigkeit* wissen wollte.

„Ach, um deine metaphorische Frage von eben zu beantworten: *Ich* kenne das Rezept! Und es ist vierundachtzig Millionen Dollar wert!"

Die beiden Agenten im Lieferwagen sahen sich einen langen Moment an, ehe Spellberg sagte: „Ich habe keine Lust mehr, nach der Ursache für dieses grüne Licht zu suchen! Wenn die uns nicht richtig in die Bedienung der Software einweisen, dann können sie auch nicht erwarten, dass wir alle Feinheiten kennen.“

„Wir könnten Bart Lucas anrufen!“

„Und damit eingestehen, dass wir leider zu dumm sind, das selber herauszufinden?“

Simmons verstummte, und Spellberg klappte den Laptop ohne ein weiteres Wort zu.

„Feierabend!“, sagte Roger Simmons und startete den Wagen.

In dem Moment kam Elaine an den Tisch zurück und setzte sich. Brian griff sofort nach ihrer Hand. Sein Herz wollte ihm vor Freude übergehen. Chris lebte! Alles war gut, ihr Plan hatte funktioniert, sie würden reich sein, sie würden … Egal, das Wichtigste war, dass Chris lebte!!!

Im Stillen nannte sich Brian einen Idioten, nicht logisch überlegt zu haben. Natürlich musste Chris von der Bildfläche verschwinden! Hätte er nur einmal in Ruhe nachgedacht, er wäre darauf gekommen!

Sein Kumpel war nicht tot!

Er spürte, wie eine dicke Träne über seine Wange rollte. Elaine sah ihn fragend und ein wenig sorgenvoll an. Aber er lächelte ihr zu, drückte ihre Hand und sagte einfach: „Schatz, das Huhn – es hat gerade gesprochen!“

Ende

Courage ist gut, aber Ausdauer ist besser.
Ausdauer, das ist die Hauptsache.

(*Theodor Fontane*, deutscher Dichter, 1819–1898)

Nachwort

Wie immer zum Schluss gebührt mein Dank meinen Helferinnen!

Zuerst natürlich meiner Frau und Chef-Lektorin Julia, die mich ein ums andere Mal auf Logiklücken und sprachliche Drahtseilakte hingewiesen hat.

Ohne ihre Hilfe wäre dieser Text mit absoluter Sicherheit deutlich schlechter ausgefallen.

Da es allerdings fahrlässig wäre, nur auf eine Meinung zu vertrauen, überantwortete ich die dritte oder vierte Version den Händen weiterer Testleserinnen. Ihre Korrekturen und Anmerkungen formten diese Geschichte erst zu einem runden Ganzen.

Vielen Dank also auch an Christina, Kristin und Petra (die Reihenfolge der Nennung ist dabei ohne jegliche Wertung).

Natürlich geht auch ein großes Lob und eine Menge Dank an die Adresse von Nicole Luzar vom Sportwelt Verlag, bei dem mein Roman ein nettes Zuhause gefunden hat!

Ein wichtiger Hinweis darf nicht fehlen: Im Roman erwähne ich Bill Rodgers und Frank Shorter, zwei echte Marathongrößen vergangener Jahre. Die von mir den beiden Personen in den Mund gelegten Sätze spiegeln möglicherweise nicht die Meinung der realen Personen wider. Alle anderen Personen sind fiktiv. Ebenso die Arbeitsweise der NSA.

Wie ich zum Thema Marathon kam?

Boston war mein Traum. Hamburg habe ich bewältigt. Leider nicht in der Zeit, die mich für Boston qualifiziert hätte.

Also habe ich mich dem Thema literarisch genähert. Ich habe recherchiert, mit Läufern gesprochen, die in Hopkinton gestartet sind (und die Boylston Street erreicht haben). Ich habe versucht, alles über den Boston Marathon herauszufinden …

Und einiges davon steht in diesem Buch. Aber eben nur einiges – schließlich wollte ich kein Laufbuch schreiben, sondern einen Thriller.

Denn *meine* erste Direktive lautet: *Du darfst nicht langweilen!*

Ihr Frank Lauenroth

P.S.:

Bitte gestatten Sie mir noch, den Sinn oder Hintersinn des Buchtitels zu erläutern: *run* steht in der englischen Sprache natürlich für *der Lauf* oder *laufen.* Weniger bekannt dürfte sein, dass *run* als Kurzform der Floskel *on the run* in der Übersetzung *auf der Flucht* bedeutet.

Mission Marathon – Wie ich kein Superläufer wurde

von Lothar Koopmann, Illustrationen Thomas Plaßmann

Lothar Koopmann, einst korpulentes Kind einer rheinischen Arbeiterfamilie, wird in späten Jahren sportlich: Mit seiner angetrauten Ehefrau Christa / schließt sichwird der gelegentliche Jogger Mitglied einems Lauftreffs an und schnauft erhitzt auf immer längeren Strecken durch Feld, Wald und Flur. Er / verwirklicht schließlich / setzt ... in die Tat umden großen Traum, Marathon zu laufen.

Seine vergnüglichen Erinnerungen sind durchsetzt mit vielen kuriosen Ereignissen und heiteren Begegnungen am Rande der Wege und erzählen mit einem geistreichen Augenzwinkern von der Lust am Laufen und der Last des Trainings.

256 Seiten, 8,95 EUR, ISBN 978-3-941297-04-3

Der Lauf meines Lebens – Im Kampf gegen den Krebs zur Ironwoman

von Ruth Heidrich

Als bei Ruth Heidrich im Alter von 47 Jahren Brustkrebs diagnostiziert wird, verzichtet sie ab sofort auf tierische Nahrungsmittel und sucht sich ein ungeahntes sportliches Ziel – einen Ironman-Triathlon: 3,8 Kilometer Schwimmen, 180 Kilometer Radfahren und 42,2 Kilometer Laufen. Begleiten Sie die sympathische Hawaiianerin auf ihrem Weg voller Höhen und Tiefen.

208 Seiten, 19,90 EUR, ISBN 978-3-9811428-7-7

www.sportwelt-verlag.de

Lauftraining für Triathleten und Marathonläufer

von Ken Mierke

Um dauerhaft verletzungsfrei und schnell zu laufen, sind ein gesunder Laufstil, eine energiesparende Technik und ein gutes Wettkampfgewicht unerlässlich. Je austrainierter ein Körper bereits ist, desto größere Leistungssprünge lassen sich durch eine verbesserte Effizienz erzielen, als mit irgendeiner Änderung des Trainingsplans.

370 Seiten, 24,95 EUR, ISBN 978-3-9811428-2-2

Schwimmtraining für Triathleten und Langstreckenschwimmer

von Steve Tarpinian

Schneller schwimmen leicht gemacht! Steve Tarpinian zeigt, wie Sie Ihren Krafteinsatz reduzieren und dank verbesserter Technik viel leichter und schneller durchs Wasser gleiten. Nehmen Sie sich ein Beispiel an den Fischen, und kämpfen Sie nicht mit aller Kraft gegen die Dichte des Wassers an, sondern gleiten Sie stromlinienförmig hindurch.

216 Seiten, 22,95 EUR, ISBN 978-3-9811428-1-5

Mentales Training für Triathleten und alle Ausdauersportler

von Jim Taylor und Terri Schneider

Von zwei Sportlern mit den gleichen körperlichen Voraussetzungen und der gleichen Ausrüstung wird bei einem Kopf-an-Kopf-Rennen stets derjenige gewinnen, der mental besser vorbereitet ist. Und genau wie beim körperlichen Training erfordert es viel Zeit und eine gezielte Vorbereitung, seine mentale Leistungsfähigkeit zu entwickeln.

352 Seiten, 22,95 EUR, ISBN 978-3-9811428-0-8

www.sportwelt-verlag.de

Das Paläo-Prinzip der gesunden Ernährung im Ausdauersport

von Loren Cordain und Joe Friel

Durch Zeitmangel und Fertigkost wird unsere Ernährung immer einseitiger. Und sie weicht massiv von der genetischen Veranlagung ab, die der Mensch im Laufe seiner Jahrmillionen langen Evolution manifestiert hat! Für ambitionierte Sportler gehört dazu neben der Art der Nahrung auch der Zeitpunkt der Nahrungsaufnahme!

384 Seiten, 24,95 EUR, ISBN 978-3-941297-00-5

Grundlagentraining für Radsportler

von Thomas Chapple

Jeder Radsportler, der beim wichtigsten Rennen seiner Saison top in Form sein will, braucht zunächst eine solide Grundlage. Dabei gilt es, früh im Jahr locker zu trainieren, die Effizienz zu steigern und das optimale Wettkampfgewicht zu finden, um später in der Wettkampfphase richtig schnell zu sein.

380 Seiten, 24,95 EUR, ISBN 978-3-9811428-8-4

Die Kunst zu siegen

Meine Erfolgsgeschichten von acht Siegen bei der Tour de France

von Johan Bruyneel mit Bill Strickland, Vorwort von Lance Armstrong

Der erfolgreichste Teamchef aller Zeiten gibt teils äußerst intime Einblicke in sein Seelenleben. Die lockere Sammlung spannend erzählter Episoden gewährt einen Blick hinter die Kulissen des Radsports und Bruyneels taktische Geniestreiche. Ein Muss für jeden Fan des Radsports.

257 Seiten, 18,95 EUR, ISBN 978-3-941297-01-2

www.sportwelt-verlag.de

Trainingspläne für Triathleten und andere Ausdauersportler

von Gale Bernhardt

Egal, ob Sie ein Läufer oder Radfahrer sind und einmal einen Duathlon bestreiten, als Triathlet erstmals das Abenteuer der Langdistanz angehen oder sich in nur wenigen Wochen für einen kürzeren Wettkampf fit machen möchten – Sie finden in jedem Fall den geeigneten Trainingsplan.

380 Seiten, 26,95 EUR, ISBN 978-3-9811428-4-6

Krafttraining für Triathleten

von Robert G. Price

Ein kräftiger Rumpf stabilisiert den Körper und garantiert, dass all Ihre Energie in die Fortbewegung fließt. Kräftige Sehnen und Bänder sind die Voraussetzung für eine verletzungsfreie Saison. Und kräftige Arme und Beine? Nun, die sorgen dafür, dass Sie Ihrer Konkurrenz im Zielsprint mehr als nur eine Nasenlänge voraus sind.

202 Seiten, 22,95 EUR, ISBN 978-3-9811428-9-1

Gracie Goats großes Radrennen

von Erin Mirabella, Zeichnungen Lisa Horstman

Gracie Goat ist verzweifelt: Sie hat ihren Freunden versprochen, bei einem Radrennen mitzumachen – kann aber noch gar nicht Rad fahren! Diese liebevoll illustrierte Kindergeschichte erzählt, wie Gracie ihre Angst vor dem Unbekannten überwindet und vermittelt Kindern ab 5 Jahren Spaß an Teamgeist, Experimentieren und natürlich Radfahren.

32 Seiten, 12,90 EUR, ISBN 978-3-9811428-6-0

www.sportwelt-verlag.de